EL BAUTISMO
EN PERSPECTIVA
WESLEYANA

'Un tratado sobre el bautismo'
por Juan Wesley
Con ensayos contemporáneos

Editor general: Will Faircloth

El bautismo en perspectiva wesleyana

ISBN: 978-1-955761-15-4

Para información y más recursos en español, comunicarse con:
El Instituto de Estudios Wesleyanos
www.estudioswesleyanos.org
instituto@estudioswesleyanos.org

Para información general, comunicarse con:
The Wesley Heritage Foundation, Inc.
www.wesleyheritage.org
hello@wesleyheritage.org

Diseño de portada: Ana Lilia Fernández Arriaga
Imagen de portada: Wirestock / Freepik

Contenido

Nota del editor y agradecimientos

Primero que nada, quiero expresar mi gratitud al Instituto de Estudios Wesleyanos y a la Wesley Heritage Foundation, en particular a su presidente el Rev. Dr. Mark Wethington, por el honor de ser traductor del "Tratado sobre el bautismo" y editor del presente volumen. Saber que estamos trayendo por primera vez recursos claves de la tradición wesleyana al mundo de habla española, nos llena de alegría y un orgullo santo. Yo mismo he aprendido mucho al traducir el "Tratado," y doy gracias a los demás autores que enriquecieron este volumen con sus ensayos respectivos.

También queremos reconocer y agradecer a las siguientes personas e instituciones que contribuyeron a este proyecto:

–El Dr. Randy Maddox y a toda la organización detrás de la "Bicentennial Edition of the Works of John Wesley." Le damos gracias no solo por facilitarnos el texto oficial del "Tratado" en inglés, sino por su disposición de contestar nuestras preguntas y ampliar el panorama del pensar de Wesley sobreel bautismo.

–El equipo del sitio web "Ministry Matters," una biblioteca virtual con muchos recursos valiosos, en particular el texto completo en inglés de varios tomos de las "Works of John Wesley." Ellos generosamente nos otorgaron un acceso gratuito al sitio web, el cual nos facilitó ciertos textos originales para efectos de referencia y comparación entre idiomas.

–Las siguientes iglesias que nos compartieron sus liturgias y órdenes de culto para bautismos
- –La Iglesia Metodista Unida
- –La Iglesia del Nazareno
- –La Iglesia Wesleyana (EE. UU.)

Solo queda encomendar este volumen en manos de los pastores, laicos, y todos los que trabajan para el reino de Dios, con la esperanza que las ponencias aquí sirvan para profundizar nuestra práctica del bautismo en la tradición wesleyana, y también ampliar nuestro concepto de la familia de Dios.

Will Faircloth
Director
Instituto de Estudios Wesleyanos
San José, Costa Rica

Acerca de los autores

RUTHIE CÓRDOVA: M.Div, D.Min.; Peruana; Misionera y profesora en el Seminario Teológico Nazareno de Guatemala

IRVING COTTO: M.Div., D.Min; Puertorriqueño; Ministro y superintendente de distrito con la Iglesia Metodista Unida en Pensilvania, EE. UU.

WILL FAIRCLOTH: M.T.S.; Estadounidense; Misionero y profesor de seminario con la Iglesia Evangélica Metodista de Costa Rica

MARYLOU RIGGLE: M.Div, D.Min.; Estadounidense; Misionera jubilada con la Iglesia del Nazareno en Belice, Guatemala, y Costa Rica.

Prefacio
"UN TRATADO SOBRE EL BAUTISMO"

En la década de los 1990, la Wesley Heritage Foundation (WHF), establecida en Carolina del Norte, EE. UU.., lanzó su ministerio con la traducción, publicación, y distribución de catorce tomos de las *Works of Wesley* en español, las *Obras de Wesley*. Estos tomos contienen sermones de Juan Wesley, sus cartas y diarios, sus Notas al Antiguo y Nuevo Testamentos, además de alguna poesía de Carlos Wesley. Esta es la traducción más amplia and extensa de las obras de Wesley en español. Desde su conclusión, las *Obras de Wesley* han sido ampliamente recibidas, celebradas, leídas, y mencionadas a lo largo de las Américas. Se han convertido en la referencia estándar para los wesleyanos de hablaespañol.

A pesar de ser muy amplias, las *Obras de Wesley* no incluyen todas las obras de Wesley. Hay más sermones y otros escritos de los Wesley que deben ser traducidos. La WHF, junto con el ministerio de extensión que estableció en Lima, Perú– el Instituto de Estudios Wesleyanos– están trabajando para proveer escritos adicionales de los Wesley nunca antes traducidos al español. Esta traducción al español del "Tratado sobre el bautismo" de Juan Wesley es el resultado de nuestra misión continua de "promover el pensamiento, espiritualidad, y práctica del avivamiento wesleyano entre personas de habla español a lo largo de las Américas." Nos regocijamos que ahora podemos hacer disponible este tratado para los propósitos de educar, formar, y transformar las iglesias que reivindican sus raíces en el movimiento de avivamiento de Juan y Carlos Wesley en la Inglaterra del siglo 18. Si este tratado fomenta un diálogo mayor, una práctica más consistente, y una unidad mayor en el Espíritu entre nuestros hermanos y hermanas wesleyanos, entonces nuestra misión de Dios aún tendrá propósito.

En nuestra época presente, la iglesia cristiana en todo el mundo está muy dividida en cuanto a sus creencias teológicas y, por lo tanto, su práctica litúrgica con respecto al sacramento del santo bautismo. Esto no es menos el caso entre las iglesias que han surgido de la tradición wesleyana. Hasta personas dentro de la misma denominación wesleyana, como en la Iglesia del Nazareno, la Iglesia Metodista, la Iglesia Wesleyana, y las iglesias pentecostales difieren en su concepto y práctica del bautismo.

La mayor de estas diferencias de teología y práctica es si los párvulos deben ser sujetos del bautismo. Junto con eso, hay diferencias en cuanto a quién debe administrar el bautismo, si se debe practicar el rebautismo, y en qué manera el bautismo debe ser administrado. Ciertamente es el caso que las prácticas diferentes del bautismo son el resultado de diferentes conceptos teológicos del bautismo.

En "Un tratado sobre el bautismo," Wesley desarrolla cuatro puntos principales, con puntos secundarios bajo cada punto primario. Un bosquejo del tratado sería así:

1. Qué es el bautismo:
   a. El sacramento introductorio, instituido por Cristo, que nos da entrada al pacto con Dios.

b. Una señal, un sello, una promesa, y un medio de la gracia de Dios

2. Qué son los beneficios del bautismo:

a. Lavar la culpa del pecado original por medio de la aplicación de los méritos de la muerte de Cristo.

b. Entrada al pacto eterno de Dios

c. Admisión a la Iglesia, siendo espiritualmente unido con Cristo

d. Convertirse en un hijo de Dios por medio de adopción y gracia

e. Convertirse en heredero del reino del cielo

3. Cristo diseñó el bautismo para que permaneciese siempre en su Iglesia:

a. El bautismo fue diseñado para durar tanto como la Iglesia

b. Es una señal exterior de una gracia interior

4. Los párvulos son sujetos apropiados del bautismo:

a. Los párvulos son culpables del pecado original y necesitan ser lavados del pecado original

b. Los párvulos pueden entrar en pactos hechos en su nombre

c. Los párvulos tienen derecho a la herencia de la cual son herederos aun cuando no pueden tomar posesión real de ella.

d. En su ministerio, Cristo les dio la bienvenida a los niños para que vinieran a él, y no quería que "se lesimpidiera."

e. Los apóstoles bautizaban a "casas enteras," lo cual incluía a los párvulos; era la práctica de la iglesia desde los tiempos más tempranos.

Como señala el Dr. Randy Maddox en su introducción, Juan Wesley estaba "sensible al peligro que algunos redujeran la salvación solo a este don inmerecido de Dios. Es por eso que luego de la publicación del 'Tratado sobre el bautismo,' siguió con otro sermón publicado dos años después titulado 'El nuevo nacimiento.'" Como nota el Dr. Maddox, "en este sermón Wesley deja claro que no es simplemente el acto ritual del bautismo que es fundamental para la vida cristiana auténtica, sino también es la *respuesta* continua a la gracia *empoderadora* de Dios que se transmite por medio del bautismo y los demás medios de gracia."

Por esta razón, también hemos incluido el sermón de Wesley, "El nuevo nacimiento," en este libro para fomentar un diálogo más amplio sobre el tema del bautismo. También muy central en lo que el Dr. Maddox escribe en la introducción, es cómo Wesley buscaba distinguir en la fe cristiana entre las cosas que son "esenciales" y aquellas que son "opiniones." Con respecto a ciertos asuntos relacionados al bautismo, los cristianos son libres para discrepar. Basándose en las Escrituras y la tradición cristiana, como Wesley siempre hacía, está claro en este tratado que los dos puntos que él considera "esenciales" en cuanto al bautismo son su muy importante lugar continuo en la vida y el ministerio de la iglesia, y los párvulos como sujetos apropiados del bautismo.

Nunca olvidaré una de las preguntas que me hicieron cuando estaba siendo examinado por la Junta de Ministerio Ordenado de la Iglesia Metodista Unida como parte del proceso de convertirme en presbítero ordenado. Un miembro de la Junta, también teólogo reconocido y decano de un seminario, me preguntó, "¿Qué haría usted si fuera caminando en el pasillo de un hospital y una señora angustiada le reconociera como ministro y le rogara que fuera a la habitación y bautizara a su esposo quien se acaba de morir? Ella le dice, 'Mi esposo nunca fue bautizado.'"

Yo respondí de esta manera: "Debido a que el pueblo llamado metodista bautiza a los párvulos, y los párvulos son muy indefensos y no tienen conocimiento de lo que el bautismo significa para ellos, supongo que, si consideramos a un difunto como aún más indefenso que un párvulo, entonces procedería a bautizar al difunto." El que me hizo la pregunta pareció algo estupefacto pero satisfecho, y gané el examen.

Quizás el punto de partida para cualquier discusión del bautismo debe ser la declaración de que el bautismo es un regalo de Dios y que no depende de la comprensión del aquel que lo reciba, ni tampoco de una conciencia de haber sido bautizado. Si los wesleyanos se ponen de acuerdo sobre este punto, entonces el don del bautismo puede darse a cualquier edad, en varias maneras, y una vez dado, nunca ser arrebatado (entonces, ¿porque volverse a bautizar?). El bautismo no es algo que hacemos por nosotros mismos. Es una señal de lo que Cristo hizo por nosotros, ya que en el bautismo nos ahogamos al "yo," y somos levantados a una vida nueva en Cristo. El bautismo es la señal de nueva vida por medio de la gracia de Jesucristo. No es principalmente un acto humano, sino un acto de Dios. El bautismo cristiano tiene sus raíces en el ministerio de Jesús de Nazaret, en su muerte y en su resurrección.

Junto con el "Tratado sobre el bautismo" de Juan Wesley y su sermón "El nuevo nacimiento," hemos incluido en este libro cuatro ensayos cortos de líderes de iglesias y académicos contemporáneos, quienes ofrecen sus reflexiones sobre asuntos relacionados al bautismo. Estos asuntos confrontan las iglesias de la tradición wesleyana en la época actual, pero muchos de ellos también han confrontado a la iglesia en muchas épocas, incluso la de Wesley. Estos ensayos examinan el "Tratado sobre el bautismo" de Wesley a la luz de ciertas de las diversas teologías y prácticas contemporáneas del bautismo.

Le doy gracias especiales a Will Faircloth, quien era estudiante mío en la Escuela de Divinidades Duke, y quien participó conmigo en algunos viajes de enseñanza a Perú durante 2003-2004. El Sr. Faircloth sirve como misionero con la Iglesia Evangélica Metodista de Costa Rica y ha colaborado con la WHF en el ministerio de traducción y desarrollo de nuevos recursos en la tradición wesleyana. El Sr. Faircloth tradujo "Un tratado sobre el bautismo," junto con algunos de los artículos en este libro. Como Director del Instituto de Estudios Wesleyanos, el Sr. Faircloth ha fungido como editor de este libro. Estoy agradecido por los dones de ministerio de Will, por su compromiso con el ministerio de Cristo, y por la amistad que tenemos en esta misión común de proveer más recursos en español para las iglesias de la tradición wesleyana.

Los que contribuyeron ensayos a esta libreta son Will Faircloth de la Iglesia Metodista de Costa Rica, el Rev. Dr. Irving Cotto de la Iglesia Metodista Unida, la

Dra. MaryLou Riggle de la Iglesia del Nazareno, y la Dra. Ruthie Córdova de la Iglesia del Nazareno. Estas personas representan iglesias que se basan profundamente en la tradición wesleyana y están muy familiarizadas con el contexto latinoamericano. Más importante aún, son personas que comparten un bautismo común, el cual nos une todos a Cristo por fe. Bautizados en agua "en el nombre del Padre y del Hijo y del Espíritu Santo," compartimos los unos con los otros el don de la gracia de Dios que viene por medio del bautismo, y juntos compartimos en la familia de Dios y somos herederos del reino celestial de Dios.

Estamos agradecidos con el Dr. Randy Maddox, profesor de estudios wesleyanos y metodistas en la Escuela de Divinidades Duke (Durham, Carolina del Norte), por escribir la introducción a esta publicación del "Tratado sobre el bautismo" de Wesley. El Dr. Maddox también sirve como editor general de la *Bicentennial Edition of the Works of Wesley* (Edición Bicentenaria de las Obras de Wesley), un proyecto que comenzó en los años 1960 y aún sigue en marcha. La Edición Bicentenaria fue la base de la traducción y publicación de las *Obras de Wesley* por parte de la WHF.

Expresamos nuestra profunda gratitud al Dr. Maddox y a la junta editorial de las *Works of Wesley* por proporcionarnos y darnos permiso para usar la versión Bicentenaria del "Tratado sobre el bautismo," aún antes de que sea publicado en un tomo venidero de las Obras de Wesley en inglés. Estamos agradecidos con poder publicar el Tratado en español más inmediatamente, porque estamos muy conscientes de la necesidad de tener disponible este material histórico durante una época cuando el tema del bautismo está en debate "caliente" entre las iglesias latinoamericanas.

Mientras consideramos las diferencias que mostramos como pueblo wesleyano, que primero y sobre todo reconozcamos nuestro don común en el bautismo que nos une el uno al otro en Cristo. Mientras continuamos nuestro diálogo sobre el bautismo, que continuemos con espíritus humildes a crecer en nuestra comprensión, reconociendo lo esencial en lo que creemos sobre el bautismo, y siendo amables hacia los que tienen una opinión diferente. Que mantengamos siempre en tensión creativa el misterio de la gracia de Dios y nuestra claridad cerebral.

Rev. Mark W. Wethington, Ph.D.
Presidente
Wesley Heritage Foundation, Inc.
Carolina del Norte, EE. UU.

Introducción

La aceptación de Juan Wesley del llamado de Dios al ministerio, dentro del avivamiento evangélico de 1738, lo puso en el centro de unos prolongados debates sobre el bautismo entre las varias ramas de la familia cristiana en Inglaterra. En un extremo del espectro estaban los "no jurados," quienes se retiraron de la Iglesia de Inglaterra en parte porque ella no insistía en que la autenticidad del bautismo requería no solo un ministro ordenado por un obispo, sino también la forma de inmersión triple (la cual ellos suponían que era la práctica uniforme de la iglesia temprana). En el extremo opuesto del espectro estaba la Sociedad de Amigos (Cuáqueros), quienes sostenían que el bautismo del Espíritu derramado de inmediato sobre cada creyente verdadero era el reemplazo "espiritual" del bautismo en agua. Y atravesando todo el espectro, había división entre los que creían que el bautismo debía restringirse a personas mayores capaces de entender y proclamar su fe, y aquellos que insistían en que se concediera correctamente también a párvulos nacidos en familias cristianas.

Al inicio de su ministerio en Georgia, Wesley se identificaba con el extremo "no jurado" de este espectro— luchando para convencer a sus feligreses de la necesidad de la inmersión triple. Pero con el tiempo, su participación en el avivamiento evangélico llevó a Wesley a distinguir entre las creencias y prácticas que eran "esenciales" y las que eran "opiniones," siendo estas últimas los asuntos sobre los cuales los cristianos podían discrepar en buena conciencia. Sus seguidores cada vez más le pedían a Wesley que aclarara qué entendía *él* como *esencial* para la comprensión y práctica del bautismo, en contraste con los asuntos donde los cristianos tenían libertad para *discrepar*. Su respuesta tomó la forma del "Tratado sobre el bautismo," un ensayo que incluyó en un libro publicado en 1758 titulado "*A Preservative Against Unsettled Notions in Religion* [Una salvaguardia contra ideas irresueltas en la religión]." Así que la respuesta de Wesley se basó en la sabiduría ganada durante *dos décadas* de liderazgo pastoral en elavivamiento.

En forma característica, Wesley no compuso "Un tratado sobre el bautismo" solo. Estaba convencido de que las creencias y prácticas auténticamente cristianas debían basarse en las Escrituras y ser consistentes con lo mejor de la tradición cristiana. Por lo tanto, recurrió a un ensayo "Del bautismo," escrito por su padre, Samuel Wesley. Este ensayo, publicado en *The Pious Communicant Rightly Prepared* [El comulgante piadoso correctamente preparado] (1699; cuatro años antes del nacimiento de Juan), condensó los énfasis típicos de la Iglesia de Inglaterra sobre el bautismo. Retomando el ensayo casi sesenta años más tarde, Juan Wesley redujo su tamaño en casi dos terceras partes, lo reorganizó, y cambió el lenguaje en ciertas partes para hacerlo más accesible a una audiencia más amplia.

"Un tratado sobre el bautismo" presenta la visión de Wesley del bautismo en una manera positiva, pero en el camino revela cómo él difería de otras comunidades cristianas. Por ejemplo, la Sección III, que demuestra que Jesús pretendía que el bautismo en agua permaneciese como práctica de la iglesia, fue una respuesta implícita al rechazo del bautismo en agua por parte de la Sociedad de Amigos. De manera similar, la defensa prolongada del bautismo de párvulos en la Sección IV fue la respuesta de Wesley a los que insistían solo en el bautismo del creyente. Una de las ausencias interesantes en "Un tratado sobre el bautismo" es cualquier sugerencia de que los únicos ministros calificados para hacer bautismos son los ordenados por un obispo. La participación de Wesley en el avivamiento evangélico más amplio hasta entonces, le había convencido de que las varias formas de gobierno eclesial eran un asunto de "opinión" sobre el cual los cristianos podían discrepar. De igual forma, Wesley argumenta en detalle que la inmersión no es la única forma permitida del bautismo— aquí también los cristianos pueden discrepar. Pero el punto más profundamente wesleyano en el "Tratado sobre el bautismo" es la insistencia en que por el bautismo no solo somos admitidos a la iglesia, y damos testimonio del pacto de Dios, sino también de verdad nacemos de nuevo y somos adoptados como herederos del reino de Dios.

En otras palabras, Wesley insistía en que el bautismo no era solo una acción humana de profesar fe en Cristo y lealtad a la iglesia; sino era un don inmerecido de Dios que despertaba la vida espiritual y hacía posible la renovación espiritual continua. La experiencia pastoral de Wesley en el avivamiento le había convencido de la importancia de afirmar la primacía de la obra inmerecida de Dios en nuestras vidas. Pero esta experiencia también le hacía sensible al peligro que algunos redujeran la salvación solo a este don inmerecido de Dios. Es por eso que luego de la publicación del "Tratado sobre el bautismo," siguió con otro sermón publicado dos años después titulado "El nuevo nacimiento." En este sermón Wesley deja claro que no es simplemente el acto ritual del bautismo que es fundamental para la vida cristiana auténtica, sino también es la *respuesta* continua a la gracia *empoderadora* de Dios que se transmite por medio del bautismo y los demás medios de gracia.

No hay mejor entrada a la visión y la práctica de Wesley del bautismo que la combinación de "Un tratado sobre el bautismo" y el sermón "El nuevo nacimiento." Este librito provee traducciones de estos dos recursos claves, utilizando (con permiso) el texto para cada uno que se preparó para *The Bicentennial Edition of the Works of John Wesley* ["La edición bicentenaria de las obras de Juan Wesley"].

Dr. Randy Maddox
Cátedra William Kellon Quick de Estudios
Wesleyanos y Metodistas
Duke Divinity School

"UN TRATADO SOBRE EL BAUTISMO" (1758)[1]

Juan Wesley

Con respecto al bautismo, preguntaré, *Qué* es; cuáles *beneficios* recibimos por este; si nuestro Salvador lo diseñó para que permaneciese *siempre* en su Iglesia; y quiénes son los *sujetos* apropiados de ello.

I

1. *Qué* es. Es el sacramento de iniciación, el cual nos hace entrar en pacto con Dios. Fue instituido por Cristo, el único que tiene poder para instituir un sacramento verdadero, una señal, un sello, una promesa, y un medio de gracia, perpetuamente obligatorio sobre todo cristiano. No sabemos, de hecho, el momento exacto de su institución; pero sabemos que fue mucho antes de la Ascensión de nuestro Señor. Y fue instituido en lugar de la circuncisión. Porque, así como aquella era señal y sello del pacto de Dios, de igual manera lo es el bautismo.

2. El *medio* de este sacramento es el agua; la cual, como tiene poder natural de limpieza, es la más apta para este uso simbólico. El bautismo se hace mediante *lavamiento, inmersión, o aspersión* de la persona, en el nombre del Padre, Hijo, y Espíritu Santo, la cual en virtud de este acto es dedicada a la siempre

bendita Trinidad. Digo mediante "lavamiento," "inmersión," o "aspersión," porque no se especifica en las Escrituras en cuál de estas formas se hará, ni por ningún *precepto* explícito, ni por algún *ejemplo* que lo compruebe claramente, ni por la *fuerza* o *significado* de la palabra "bautizar."

3. Todo hombre sereno admite que no hay ningún *precepto* explícito. Tampoco hay ningún *ejemplo* decisivo. El bautismo de Juan en algunas cosas concordaba con el de Cristo, en otras difería de este. Pero no se puede comprobar ciertamente con las Escrituras que incluso el bautismo de Juan se hacía por inmersión. Sí es cierto que él bautizaba "en Enón, junto a Salim, porque había allí muchas aguas."[2] Pero esto tal vez se refiera a la anchura en vez de la profundidad, ya que un lugar angosto no habría sido suficiente para tan grande multitud. Tampoco se puede comprobar que el bautismo de nuestro Salvador, o aquel administrado por sus discípulos, fue por inmersión. No, tampoco el del eunuco bautizado por Felipe, aunque "descendieron ambos al agua."[3] Porque ese "descendieron" tal vez se relacione con la carroza, y no implica ninguna profundidad determinada de agua. Quizás sea hasta sus rodillas; quizás no supere sus tobillos.

4. Y ya que nada se puede determinar de ningún precepto o ejemplo de las Escrituras, así tampoco de la fuerza o el significado de la palabra. Porque las palabras "bautizar" y "bautismo" no necesariamente implican *inmersión*, sino que se usan en otros sentidos en

varios lugares. Así leemos que los judíos "fueron bautizados en la nube y en el mar,"[4] pero no fueron *inmersos* en ninguno de los dos. Por lo tanto, podrían haber sido solamente *rociados* por gotas de agua del mar, y por un rocío refrescante de la nube; probablemente esto se da a entender en que "abundante lluvia esparciste, oh Dios; a tu heredad exhausta tú la reanimaste."[5] De nuevo, Cristo dijo a sus dos discípulos, "con el bautismo con que yo soy bautizado, seréis bautizados"[6]; pero ni él ni ellos fueron *inmersos*, sino solamente *rociados* o *lavados* con su propia sangre. También leemos de "los bautismos" (así es en el original) de ollas y tazas y mesas o camas.[7] Ahora, las ollas y copas no necesariamente se sumergen cuando se lavan. No, los fariseos lavaban solo "lo de fuera" de estas.[8] Y con respecto a las mesas o camas, nadie supondrá que se pueden sumergir. Aquí, pues, la palabra "bautismo," en su sentido natural, no se toma como sumergir, sino como lavar o limpiar. Y que este sea el significado verdadero de la palabra "bautizar," dan testimonio los eruditos más grandes y los jueces más correctos en este asunto. Es cierto, leemos de "ser sepultados con Cristo en el bautismo."[9] Pero no se puede inferior nada de una expresión tan figurativa. No, porque si se tomara con exactitud, serviría tanto para aspersión como para inmersión, ya que, al enterrarse, el cuerpo no *se sumerge* en la sustancia de la tierra, sino que la tierra se *vierte o se racía sobre esta*.

5. Y como no hay prueba clara de inmersión en las Escrituras, sí hay prueba muy probable de lo contra-

rio. Es altamente probable, que los mismos apóstoles bautizaron a multitudes, no por inmersión, sino por lavamiento, aspersión, o afusión. Esto claramente representaba la limpieza del pecado que el bautismo simboliza. Y la *cantidad* de agua no era pertinente, no más que la cantidad de pan y vino en la Cena del Señor. El carcelero "con todos los suyos fueron bautizados"[10] en la prisión; Cornelio con sus amigos (y así varias familias) en su casa.[11] Ahora ¿es probable que todos estos tenían estanques o ríos en o cerca de sus casas, suficientes para sumergirlos todos? Toda persona sin prejuicios debe admitir que lo contrario es mucho más probable. De nuevo, tres mil personas una vez y cinco mil en otra, fueron convertidas y bautizadas por San Pedro en Jerusalén, donde no había más que las aguas apacibles de Siloé, según la observación del Sr. Fuller: "No había molinos de agua en Jerusalén, porque no había arroyo con suficiente tamaño para impulsarlos."[12] El lugar, por lo tanto, al igual que el número, hacen que sea altamente probable que todos estos fueron bautizados por aspersión o afusión, y no por inmersión. Para resumir todo, la manera de bautizar (sea por inmersión o aspersión) no está determinada en las Escrituras. No hay ningún mandato para uno en vez del otro. No hay *ejemplo* del cual podamos concluir a favor de inmersión en vez de aspersión. Hay ejemplos probables de ambos; y ambos están igualmente contenidos en el *significado natural* de la palabra.

II

1. Cuáles son los *beneficios* que recibimos por el bautismo, es el siguiente punto para considerar. Y el primero de estos es, el lavamiento de la culpa del pecado original, por la aplicación de los méritos de la muerte de Cristo. Que todos nacemos bajo la culpa del pecado de Adán, y que todo pecado merece la infelicidad eterna, fue el sentimiento unánime de la Iglesia antigua, como se expresa en el Artículo Noveno de la nuestra.[13] Y las Escrituras claramente afirman que "en maldad hemos sido formados, y en pecado nos concibieron nuestras madres"[14]; que "éramos por naturaleza hijos de ira,"[15] y "muertos en nuestros delitos y pecados"[16]; que "en Adán todos mueren"[17]; que "por la desobediencia de unhombre muchos fueron constituidos pecadores"[18]; que "el pecado entró al mundo por un hombre y por el pecado la muerte, así la muerte pasó a todos los hombres, por cuanto todos pecaron."[19] Esto claramente incluye a los párvulos; porque ellos también *mueren*; por lo tanto, *ellos han pecado*; pero no mediante pecado real; por lo tanto, mediante pecado original; y si no, ¿qué necesidad tienen de la muerte de Cristo? De hecho, "reinó la muerte desde Adán hasta Moisés, aún en los que no pecaron," (realmente), "a la manera de la transgresión de Adán."[20] Esto, el cual puede referirse solo a los párvulos, es una prueba clara de que la raza entera de los hombres es repulsiva, tanto por la culpa como el castigo de "la transgresión de Adán." Pero como "por la transgresión de uno vino la condenación a todos los hombres,

de la misma manera por la justicia de uno vino a todos los hombres la justificación de vida." [21] la virtud de este don gratuito, los méritos de la muerte y resurrección de Cristo se nos aplican en el bautismo. "Se entregó a sí mismo por la Iglesia, para santificarla, habiéndola purificado en el lavamiento del agua por la palabra;"[a] a saber, en el bautismo, el instrumento ordinario de nuestra justificación. De acuerdo con esto, nuestra Iglesia ora en el culto de bautismo que la persona a bautizarse sea "lavada y santificada por el Espíritu Santo, y siendo liberada de la ira de Dios, reciba el perdón de pecados, y goce de la bendición sempiterna de su lavamiento celestial"[22]; y declara en la rúbrica al final del culto, "Es cierto, por la Palabra de Dios, que los niños que se bautizan, muriendo antes de cometer algún pecado real, son salvos." Y esto está de acuerdo con el juicio unánime de todos los Padres antiguos.

2. Por el bautismo entramos en pacto con Dios, en aquel pacto *eterno*, el cual ha ordenado para siempre;[b] aquel pacto nuevo que él prometió hacer con el Israel espiritual, incluso para "darles un corazón nuevo y un espíritu nuevo," [23] "esparcir sobre ellos agua limpia" [24] (del cual el agua del bautismo es solo una figura), y "nunca más acordarse de sus pecados y transgresiones" [25]; en una palabra, "ser su Dios," como le prometió a Abraham, en el pacto evangélico [*] que hizo con él y toda su descendencia espiritual.[c] E igual como la circuncisión era en aquel entonces la manera de entrar en este pacto, así es el bautismo ahora; el cual por lo tanto descrito por el Apóstol (tantos buenos intérpre-

tes traducen sus palabras así), "la condición, contrato, o pacto de una buena conciencia con Dios."[26]

3. Por el bautismo somos admitidos a la Iglesia, y por consiguiente hechos miembros de Cristo, su Cabeza. Los judíos eran admitidos a la Iglesia[**] por la circuncisión; así son los cristianos por el bautismo. Porque "todos los que han sido bautizados en Cristo," en su nombre, de esa manera "de Cristo son revestidos";[d] es decir, son *unidos* místicamente a Cristo, y hechos *uno* con él. Porque "por un solo Espíritu fuimos todos bautizados en un cuerpo,"[e] a saber, *la Iglesia*, "el cuerpo de Cristo."[f] De tal unión espiritual y vital con él procede la influencia de su gracia sobre los que son bautizados; igual como de nuestra unión con la Iglesia, una porción de todos sus privilegios, y de todas las promesas que Cristo le ha hecho.

4. Por el bautismo nosotros que éramos "por naturaleza hijos de ira"[27] somos hechos hijos de Dios. Y esta regeneración que nuestra Iglesia en tantos lugares atribuye al bautismo es más que apenas ser admitidos a la Iglesia, aunque comúnmente conectado con eso; siendo "injertados en el cuerpo de la Iglesia de Cristo, somos hechos los hijos de Dios por adopción y gracia."[28] Esto se fundamenta en las palabras claras de nuestro Señor: "el que no naciere de agua y del Espíritu, no puede entrar en el reino de Dios."[g] Por *agua*, entonces, como un medio, el agua del bautismo, somos regenerados o nacidos de nuevo; por ese motivo también el Apóstol lo llama "el lavamiento de la rege-

neración."[29] Nuestra Iglesia por lo tanto no le atribuye al bautismo ninguna virtud mayor a la que Cristo mismo ya ha hecho. Tampoco se la atribuye al lavamiento *exterior*, sino a la gracia *interior*, la cual una vez agregada lo hace un sacramento. Aquí se infunde un principio de la gracia, el cual no se quitará por completo, salvo que apaguemos el Espíritu Santo de Dios por medio de una pecaminosidad duradera.

5. En consecuencia de nuestro ser hechos hijos de Dios, somos herederos del reino del cielo: "Si hijos" (como observa el Apóstol), "también herederos; herederos de Dios y coherederos con Cristo."[30] Aquí recibimos un título y unas arras de "un reino inconmovible."[31] *El bautismo ahora nos salva*, si vivimos responsables por ello, si nos arrepentimos, creemos, y obedecemos el evangelio. Suponiendo esto, como nos admite en la Iglesia aquí, así también en la gloria del másallá.

III

1. Pero ¿deseó nuestro Salvador que permaneciese así *siempre* en su Iglesia? Esta es la tercera cosa que vamos a considerar. Y esta se puede resolver en pocas palabras, ya que no puede haber ninguna duda razonable de que esto estaba destinado a durar tanto tiempo como la Iglesia, en la cual es el medio designado para entrar. En la manera *ordinaria*, no hay otro medio de entrar en la Iglesia o en el cielo.

2. En toda época el bautismo exterior es un *medio* del *interior*, como la circuncisión exterior era de la circuncisión del corazón. Tampoco le habría servido a un judío decir, tengo la circuncisión interior, y por eso no necesito la exterior. Quienquiera que no tuviera la exterior también, ese alma iba a ser cortada de su pueblo. Él había *aborrecido*, había roto, el pacto eterno de Dios, al aborrecer su sello.[h] Ahora, el sello de la circuncisión debía permanecer entre los judíos mientras permanecía la Ley, a la cual les obligaba. Por una sencilla igualdad de razón, el bautismo, el cual vino en su lugar, debe permanecer entre los cristianos tanto como el pacto evangélico en el cual da entrada, y al cual obliga, a todas las naciones.

3. Esto aparece también de la comisión original que nuestro Señor dio a sus apóstoles: "Id, y haced discípulos a todas las naciones, bautizándolos en el nombre del Padre, y del Hijo, y del Espíritu Santo, enseñándoles...y he aquí yo estoy con vosotros todos los días, hasta el fin del mundo."[32] Ahora, mientras durara esta comisión, mientras Cristo prometiera estar *con ellos* en la ejecución de esta, así sin duda debían ellos ejecutarla, y bautizar tanto como enseñar. Pero Cristo sí ha prometido estar *con ellos*, es decir, por su Espíritu, en sus sucesores, hasta el fin del mundo. Por eso, sin duda fue su deseo que por tanto tiempo el bautismo permaneciese en su Iglesia.

IV

[A.]*** 1. Pero la gran pregunta es, ¿quiénes son los sujetos apropiados del bautismo? ¿Solo las personas mayores, o los párvulos también? Para poder contestar esto plenamente, primero pondré las bases del bautismo de párvulos, tomadas de la Biblia, la razón, y la práctica primitiva y universal; y segundo contestaré las objeciones en su contra.

2. En cuanto a sus bases: Si los párvulos son culpables del pecado original, entonces son sujetos apropiados del bautismo, dado que, en la manera *ordinaria*, no pueden ser salvos excepto que esto sea lavado por el bautismo. Ya ha sido comprobado que esta mancha original se aferra a cada hijo del hombre; y que por eso son hijos de ira, y expuestos a la condenación eterna. Es cierto, que el segundo Adán ha encontrado un remedio para la enfermedad que vino sobre todos por la ofensa del primero. Pero el beneficio de esto se recibe por los medios que él ha designado; por el bautismo en particular, el cual es el medio *ordinario* que él ha designado para ese fin; y al cual Dios nos *ha atado*, aunque no se haya atado *a sí mismo*. De hecho, donde no se puede conseguir el caso es diferente, pero los casos extraordinarios no invalidan una regla permanente. Esto, por lo tanto, es nuestra primera base: los párvulos necesitan ser lavados del pecado original; por lo tanto, son sujetos apropiados del bautismo.

3. En segundo lugar, si los párvulos son capaces de hacer un pacto, y si estaban y aún están bajo el pacto evangélico, entonces tienen el derecho al bautismo, del cual es el sello inicial. Pero los párvulos sí son capaces de hacer un pacto, y estaban y aún están bajo el pacto evangélico.

La costumbre de las naciones y la razón común de la humanidad comprueban que los párvulos pueden entrar en un pacto, y pueden ser obligados por convenios hechos por otros en su nombre, y recibir ventaja por ello. Pero tenemos una prueba aún más fuerte que esta, la Palabra de Dios: "Vosotros todos estáis hoy en presencia de Jehová vuestro Dios: los cabezas de vuestras tribus...y todos los varones de Israel; vuestros *pequeños*, vuestras mujeres, y el extranjero...para que entres en el pacto de Jehová tu Dios."[i] Ahora, Dios jamás habría hecho un pacto con "pequeños" si estos no hubieran sido capaces de ello. No se dice solo "niños," sino "niños pequeños"– la palabra hebrea que bien significa los párvulos. Y a estos todavía, como ataño, se les puede obligar a cumplir más tarde lo que no son capaces de cumplir en el momento de su entrada a esa obligación.

4. Los párvulos de los creyentes, los hijos verdaderos del fiel Abraham, siempre estaban bajo el pacto evangélico. Estaban incluidos en este, tenían derecho a este y al sello de este; como un párvulo heredero tiene derecho a su herencia, aunque aún no puede poseerla de verdad. El pacto con Abraham era un pacto evangélico; la condición era la misma, a saber, la fe, la cual

el Apóstol nota que "le fue contada por justicia."[33] El fruto inseparable de esta fe fue la obediencia; porque por fe dejó su país, y ofreció su hijo. Los beneficios fueron los mismos; porque Dios prometió, "Yo seré tu Dios, y el de tu descendencia después de ti."[34] Y no puede prometerle más a ninguna criatura; porque esto incluye todas las bendiciones, temporales y eternas. El Mediador es el mismo; porque fue "en su simiente," es decir, en Cristo, "que todas las naciones serán bendecidas."[j] Por esta misma razón, el Apóstol dice, "[Dios] dio de antemano la buena nueva a Abraham."[k] Ahora, la misma promesa que fue hecha a él, el mismo pacto que fue hecho con él, fue hecho "con su descendencia después de él."[l] Y por esa razón se llama "un pacto perpetuo." En este pacto los niños también estaban obligados a lo que no conocían, a la misma fe y obediencia que Abraham. Y así están todavía, tal como todavía tienen derecho igual a todos los beneficios y promesas de ello.

5. La circuncisión era entonces el sello del pacto, el cual por lo tanto se nombra de manera figurativa, "el pacto."[m] Por la presente, los hijos de aquellos que confesaban la verdadera religión eran admitidos en ella, y obligados a sus condiciones; igual como, *cuando se agregó la ley*, al cumplimiento de ella también. Y cuando se quitó el viejo sello de la circuncisión, el del bautismo fue agregado en su lugar, nombrando nuestro Señor una institución positiva para suceder a otra. Un nuevo sello fue puesto al pacto de Abraham; los sellos diferían, pero el hecho fue el mismo; solo se quitó aquella

parte que era política o ceremonial. Que el bautismo vino en lugar de la circuncisión, también se nota de la simple razón del asunto, como del argumento del Apóstol, donde, después de la circuncisión, él menciona el bautismo como la manera por la cual Dios había "perdonado todos nuestros pecados"; a la cual agrega "anulando el acta de los decretos," refiriéndose obviamente a la circuncisión y demás ritos judíos; lo cual implica tan claramente que el bautismo vino en lugar de la circuncisión, tanto como la presentación de nuestro Señor del otro sacramento como la Pascua, muestra que este se instituyó en lugar de aquella.[n] Tampoco es prueba de que el bautismo no sustituyó a la circuncisión el que se difieren en algunas circunstancias, igual que no es prueba de que la Cena del Señor no sustituyó la Pascua porque en algunas circunstancias difiere de ella. Esta entonces es la segunda base. Los párvulos son capaces de entrar en un pacto con Dios. Como siempre estaban, así están todavía bajo el pacto evangélico. Por lo tanto, tienen derecho al bautismo, el cual ahora es el sello de entrada del mismo.

6. En tercer lugar, si los párvulos deben "venir a" Cristo, si son capaces de ser admitidos a la Iglesia de Dios, y por consiguiente de una dedicación sacramental solemne a él, entonces son sujetos apropiados del bautismo. Pero los párvulos sí son capaces de venir a Cristo, de ser admitidos a la Iglesia, y de una dedicación solemne a Dios.

Que los niños deben "venir a" Cristo aparece en sus propias palabras: "Entonces le fueron presentados unos niños, para que pusiese las manos sobre ellos, y orase; y los discípulos les reprendieron. Pero Jesús dijo: Dejad a los niños venir a mí, y no se lo impidáis; porque de los tales es el reino de los cielos."º San Lucas lo expresa con aún más fuerzas: "Traían a él los *párvulos*, para que los tocase." P **** Estos niños eran tan *pequeños* que fueron "traídos" a él; pero él dice, "Dejad a los niños *venir* a mí"; tan pequeños que él "los recogió en sus brazos," pero aún así reprende a los que les hubieran impedido venir a él. Y su mandato refería tanto al futuro como el presente. Por lo tanto, sus discípulos o ministros todavía deben "dejar" que los párvulos "vengan," es decir, "ser traídos" a Cristo. Pero ahora no pueden "venir a él" salvo que sean "traídos" a la Iglesia; lo cual no puede ser sino por el bautismo. Sí, y "de los tales," dice nuestro Señor, "es el reino de los cielos." No solo de los que eran como estos párvulos. Porque si ellos mismos no fueran dignos de ser sujetos del reino, ¿cómo podrían serlo los demás, si no fuera por ser como ellos? Los párvulos, por lo tanto, son capaces de ser admitidos a la Iglesia, y tienen derecho a ello. Aún bajo el Antiguo Testamento se admitían por la circuncisión. ¿Y podemos suponer que están en peores condiciones bajo el evangelio que cuando estaban bajo la ley? ¿Y que nuestro Señor quitaría algún privilegio que antes gozaban? ¿No preferiría él sumar privilegios? Esta, entonces, es la tercera base. Los párvulos deben "venir a" Cristo, y ningún hombre debe "impedirles." Son capaces de ser admitidos a la Iglesia de Dios. Por lo tanto, son sujetos apropiados del bautismo.

7. En cuarto lugar, si los apóstoles bautizaban a párvulos, entonces estos son sujetos apropiados del bautismo. Pero los apóstoles sí bautizaban a párvulos, como es obvio de la siguiente consideración. Los judíos constantemente *bautizaban* igual que circuncidaban a todos los *párvulos prosélitos*. Nuestro Señor, por lo tanto, mandaba a sus apóstoles a "evangelizar" o "discipular" a todas las naciones "bautizándoles," sin prohibir que recibieran a párvulos igual como a los demás; por lo tanto, deben bautizar a niños también.

Que los judíos admitían a prosélitos por medio del bautismo tanto como por la circuncisión, hasta familias enteras juntas, padres e hijos, tenemos el testimonio unánime de sus más antiguos, eruditos, y auténticos escritores. Los varones eran recibidos por el bautismo y la circuncisión; las mujeres solo por el bautismo. Por consiguiente, los apóstoles, salvo que nuestro Señor lo prohibiera expresamente, por supuesto habrían hecho lo mismo.

De hecho, la conclusión se mantendría solo con la circuncisión. Porque si era costumbre de los judíos, cuando recogían a prosélitos de entre todas las naciones, admitir a los niños en la Iglesia por la circuncisión, aunque no podían realmente creer la ley u obedecerla; entonces los apóstoles, haciendo prosélitos al cristianismo por medio del bautismo, no podían ni pensar en excluir a los niños, quienes los judíos siempre admitían (siendo la razón de su admisión la misma), salvo que nuestro Señor expresamente lo prohibiera. Sigue, entonces, que los apóstoles bautizaban a párvulos. Por lo tanto, son sujetos apropiados del bautismo.

8. Si se objeta, que no hay mención explícita en las Escrituras de ningún párvulo que los apóstoles bautizaron, yo preguntaría, supóngase que no se hiciera mención alguna en Hechos de las dos mujeres bautizadas por los Apóstoles, pero ¿acaso no podríamos correctamente concluir que cuando tantos miles, tantos hogares enteros, fueron bautizados, que las mujeres no fueron excluidas? ¿Especialmente porque era la costumbre conocida de los judíos bautizarlas? Lo mismo se sostiene en cuanto a los niños; no, aun más fuerte, debido a la circuncisión. Tres mil fueron bautizadas por los apóstoles en un día, y cinco mil en otro día. ¿Y se puede suponer razonablemente que no había niños entre números tan vastos? De nuevo, los apóstoles bautizaron a muchas familias; no, casi nunca leemos de un cabeza de familia que se convirtió y fue bautizado, sin que su familia entera (como era antes la costumbre entre los judíos) fuera bautizada con él. Así "la casa del carcelero, él y todos los suyos," la casa de Gayo, de Estéfanas, de Crispo. ¿Y podemos suponer que en todos estos hogares, los cuales leemos que sin excepción fueron bautizados, no había ni siquiera un niño o párvulo? Pero para ir un paso más: San Pedro le dice a la multitud, "Arrepentíos y bautícense," cada uno de vosotros, "para perdón de los pecados. Porque para vosotros es la promesa, y para vuestros *hijos*."[q] De hecho, la respuesta se da directamente a los que preguntaron "¿Qué debemos hacer?" Pero llega más allá de aquellos que hicieron la pregunta. Y aunque los niños no podían realmente *arrepentirse,* sí podían ser bautizados. Y el que sean incluidos es claro

16

(1). Porque el Apóstol se dirige a "cada uno" de ellos, y en "cada uno" los niños deben estar contemplados. (2). Son mencionados explícitamente: "Para vosotros es la promesa, y para vuestros hijos."

9. Por último, si el bautizar a párvulos ha sido la práctica general de la Iglesia Cristiana en todo lugar y toda época, entonces esto debió ser la práctica de los apóstoles y, por consiguiente, la mente de Cristo. Pero el bautizar a párvulos sí ha sido la práctica general de la Iglesia Cristiana en todo lugar y toda época. De esto tenemos testigos irreprochables: San Agustín para la Iglesia Latina (quien florecía antes del año 400); y Orígenes para la Griega (nacido en el segundo siglo), ambos declarando no solo que toda la Iglesia Cristiana de entonces bautizaba a párvulos, sino también que recibieron esta práctica de los apóstoles mismos.[r] San Cipriano también está explícitamente a favor, y todo un Concilio con él.[s] Si fuera necesario, citaríamos también a Atanasio, Crisóstomo, y una nube de testigos. Tampoco hay un solo caso que se encuentre en toda antigüedad de algún cristiano ortodoxo que negara el bautismo a niños cuando eran traídos para ser bautizados; ni tampoco ninguno de los Padres, o escritores antiguos, por lo menos durante los primeros ocho siglos, que lo tuvieran por ilícito. Y que ha sido la práctica de toda Iglesia normal desde entonces es claro y manifiesto. No solamente nuestros antepasados cuando primero se convirtieron al Cristianismo, no solamente todas las Iglesias Europeas, sino también la Africana, y la Asiática, hasta las de Santo To-

17

más en las Indias bautizan, y siempre bautizaban, a sus hijos. Siendo así aclarado el hecho, que el bautismo de párvulos ha sido la práctica general de la Iglesia Cristiana en todo lugar y en toda época, que ha continuado sin interrupción en la Iglesia de Dios por más de mil setecientos años, podemos con seguridad concluir, que fue entregado por los apóstoles, quienes mejor conocían la mente de Cristo.

10. Para resumir la evidencia. Si el bautismo externo es generalmente, en una *manera ordinaria*, necesario para la salvación, y si los párvulos pueden ser salvos tanto como los adultos, y si tampoco debemos menospreciar cualquier medio para salvarles; si nuestro Señor los manda a venir, a ser traídos a él, y declara que "de tales es el reino de los cielos"; si son capaces de hacer un pacto, o que un pacto se haga para ellos por otros, de ser incluidos en el pacto de Abraham (que era un pacto de fe, a un pacto evangélico) y nunca ser excluidos por Cristo; si tienen derecho a ser miembros de la Iglesia, y de la misma forma eran miembros de la judía; si, suponiendo que Nuestro Señor hubiera querido excluirlos del bautismo, él debería haberlo prohibido explícitamente a sus apóstoles (lo cual ninguno se atreve a afirmar que lo hizo), ya que de otra forma por supuesto lo habrían hecho, según la práctica universal de su nación; si es altamente probable que así hacían, incluso de la letra de las Escrituras, porque frecuentemente bautizaban a hogares enteros, y habría sido extraño si no hubieran niños entre ellos; si toda la Iglesia de Cristo durante 1700 años juntos bautizó a párvulos, y nunca

estuvo opuesta hasta el último siglo menos uno, por unos hombres no muy santos en Alemania; por último si hay beneficios tan incalculables que se conceden en el bautismo, el lavamiento de la culpa del pecado original, el injertarnos a Cristo al hacernos miembros de su iglesia, y por ese medio darnos derecho a todas las bendiciones de Dios; se deduce entonces que los párvulos pueden, mejor deben, ser bautizados, y que ninguno debe impedírselo.

[B.] En último lugar voy a contestar aquellas objeciones que comúnmente se presentan en contra del bautismo de párvulos.

1. La mayor de estas es: "Nuestro Señor dijo a sus apóstoles, 'Id y predicad a todas las naciones, bautizándoles en el nombre del Padre, del Hijo, y del Espíritu Santo.'ᵗ Aquí Cristo mismo puso el *enseñar* antes que el *bautizar*. Por lo tanto, los párvulos, siendo incapaces de ser *enseñados*, son incapaces de ser *bautizados*."

Yo contesto: (1). El orden de *palabras* en las Escrituras no es una regla cierta para el orden de las *cosas*. Leemos en San Marcos 1:4, "Bautizaba Juan en el desierto y predicaba el bautismo de arrepentimiento;" y, verso cinco, "eran bautizados por él en el río Jordán, confesando sus pecados." Ahora, o el orden de las palabras en las Escrituras no siempre implica el mismo orden de las cosas, o de ahí se deduce que Juan bautizaba antes de que sus oyentes *confesaran* o *se arrepintieran*. Pero, (2), las palabras obviamente son mal traducidas. Porque si leemos, "Id y enseñad a todas las naciones, bautizándoles, enseñándoles a observar todas estas cosas," es una tautología clara, una repetición vana e insensata. Debe traducirse (el cual es el significado literal de las palabras): "Id y haced discípulos a todas las naciones, bautizándoles." Que los párvulos son capaces de ser hechos prosélitos ya ha sido comprobado. Por lo tanto, este texto, correctamente traducido, no es una objeción en contra del bautismo de párvulos.

2. Su siguiente objeción es, "Las Escrituras dicen, 'Arrepentíos y bautícese cada uno, creed y sed bautizados.'" Por lo tanto, el arrepentimiento y la fe deben de preceder el bautismo. Pero los párvulos son incapaces de estos, por lo tanto, son incapaces del bautismo."

Yo replico, el arrepentimiento y la fe iban a preceder a la circuncisión, tanto como el bautismo. Por lo tanto, si este argumento se mantiene, comprobaría de igual forma que los párvulos eran incapaces de la circuncisión. Pero sabemos que Dios mismo determinó lo contrario, mandándoles a ser circuncidados a los ocho días de nacer. Ahora, si los párvulos eran capaces de ser circuncidados, sin tomar en cuenta que el arrepentimiento y la fe iban antes que la circuncisión en personas adultas, son igual de capaces de ser bautizados, sin tomar en cuenta que el arrepentimiento y la fe van, en personas adultas, antes que el bautismo. Esta objeción, por lo tanto, no tiene fuerza– porque es tan fuerte en contra de la circuncisión de párvulos como del bautismo de párvulos.

3. Se objeta, en tercer lugar, "No hay mandato en las Escrituras para ello. Y Dios estaba enojado con su propio pueblo porque hacían aquello que, dijo él, 'Le mandaba que no hicieran.'" Un solo texto claro acabaría con todo debate."

Yo replico, (1) tenemos razón para pensar que así no sería. *Se ordena* tan ciertamente en un texto "muy claro" de las Escrituras, que debemos "enseñar y amonestar los unos a los otros con salmos, himnos y cánticos espirituales, cantando al Señor con gracia en nuestros corazones" igual como a "honrar a nuestro padre y nuestra madre."[35] Pero ¿acaba esto con todo debate? ¿Acaso estas mismas personas no rechazan absolutamente hacerlo, sin importar un texto claro, un mandato explícito?

Yo replico, (2) que ellos mismos practican algo por el cual no hay ni mandato explícito ni ejemplo claro en las Escrituras. No tienen un "mandato explícito" para bautizar a las mujeres. Dicen, de hecho, que "las mujeres están implícitas en 'todas las naciones.'" Así son, y los párvulos también, pero el mandato no es explícito para ninguno. Y en cuanto al admitir a las mujeres a la Cena del Señor, ellos no tienen ni mandato explícito ni ejemplo claro. Empero lo hacen continuamente, sin el uno ni el otro. Y se justifican en eso por la razón sencilla del asunto. Esto también nos justifica para bautizar a párvulos, aunque sin mandato explícito o ejemplo claro.

Si se dijera, "Pero hay un *mandato*: 'Pruébese cada hombre,' ἄνθρωπος, 'a sí mismo, y coma así del pan,'"

la palabra 'hombre' en el original significa indistinta-
mente u hombres o mujeres."***** Yo concedo que así
es en otros lugares; pero aquí la palabra "a sí mismo,"
que sigue de inmediato, se restringe solo a los hombres. "Pero las mujeres están implícitas, aunque no
explícitamente." Ciertamente– y así también los párvulos en "todas las naciones."

"Pero tenemos un *ejemplo* de las Escrituras, porque se dice en Hechos, 'Los apóstoles continuaban
en oración y súplica con las mujeres.'" Cierto, en
oración y súplica, pero no se dice "en la comunión."
Tampoco tenemos un solo ejemplo claro de ello en
la Biblia.

Entonces, ya que ellos admiten a las mujeres a la
comunión sin ningún *mandato* o *ejemplo explícito*, sino
solo por consecuencia de las Escrituras, nunca pueden dar razón de por qué los párvulos no deben ad-
mitirse al bautismo, cuando hay tantos versículos de
las Escrituras que por consecuencia justa muestran
que estos sí tienen derecho, y son capaces de ello.

En cuanto a los textos en los cuales Dios reprueba
a su pueblo por hacer "lo que les mandó no hacer"–
esa frase evidentemente significa, lo que él había
prohibido, particularmente en aquel pasaje de Jeremías. El verso entero es, "Y han edificado los lugares
altos de Tafet, para quemar al fuego a sus hijos y a sus
hijas, cosa que yo no les mandé." [36] Ahora, Dios expresamente les había prohibido hacer esto; y eso a
pena de muerte.

Pero seguramente hay una diferencia entre los judíos ofreciendo a sus hijos e hijas a los demonios, y

22

los cristianos ofreciendo a los suyos a Dios. Teniendo todo en cuenta, por lo tanto, no es solamente lícito e inocente, sino apropiado, correcto, y nuestro deber vinculante,[37] en conformidad con la práctica ininterrumpida de toda la Iglesia de Cristo desde las épocas más tempranas, consagrar a nuestros hijos a Dios por medio del bautismo, como la Iglesia Judía fue ordenada hacer por medio de la circuncisión.

11 noviembre, 1756

NOTAS

[1] Juan Wesley publicó este tratado en *A Preservative Against Unsettled Notions in Religion* [Una salvaguardia contra ideas irresueltas en la religión] (Bristol: Farley, 1758), 143-161. El tratado es su abreviación de un apéndice en el libro de su padre, *The Pious Communicant rightly prepar'd...To which is added, A Short Discourse of Baptism* (1700) [El comulgante piadoso correctamente preparado....al cual se agrega un Discurso breve sobre el bautismo]. El apéndice está en las pp. 189-250.

[2] Jn 3:23.

[3] Hch 8:38.

[4] 1 Co. 10:2

[5] Sal. 68:9

[6] Mar. 10:38

[7] Mar. 7:4

[8] Mat. 23:25

[9] Col. 2:12

[10] Cf. Hechos 16:33 para el evento en sí, pero Hechos 16:15 para la frase.

[11] Hch. 10:47-48

[12] Thomas Fuller (1608-61), *A Pisgah-sight of Palestine* [Un vistazo de Palestina desde Pisga], Libro III, p.329.

[13] "Del pecado original o de nacimiento"

[14] Sal. 51:5

[15] Ef.2:3

[16] Ef.2:1

[17] 1 Cor. 15:22

[18] Rom.5:19

[19] Rom.5:12

[20] Rom.5:14

[21] Rom.5:18

[22] Cf. BCP [Libro de Oración Común], 1a y 2a oraciones.

[23] Ezeq. 18:31

[24] Cf. Ezeq. 36:25

[25] Cf. Heb. 10:17

[26] 1 Ped. 3:21, "la aspiración de una buena conciencia."

[27] Ef. 2:3

[28] Cf. Libro de Oración Común: Bautismo; Acción de gracias luego del bautismo; y Colecta luego del Día de Navidad

[29] Juan Wesley agregó "el Apóstol lo llama," obviamente teniendo en mente Tito 3:5.

[30] Rom. 8:17. Curiosamente el Tratado continúa (en todas las tres ediciones) con el error de Samuel Wesley, "herederos con Dios."

[31] Heb. 12:28.

[32] Cf. Mat. 28:19-20

[33] Rom. 4:22, etc.

[34] Cf. Gn. 17:7

[35] Éx. 20:12, etc.

[36] Cf. Jer. 7:31.

[37] BCP [Libro de Oración Común], Comunión, *Vere dignum*.

LAS NOTAS A PIE DE PÁGINA ORIGINALES DE WESLEY

a Ef. 5:25-26.

b Sal. 109:9.

c Gn. 17:7-8.

d Gál. 3:27.

e 1 Co. 12:13.

f Ef. 4:12.

g Jn 3:5.

h Gn. 17:14.

i Dt. 29:10-12.

j Gn. 22:18; Gál. 3:16.

k Gál. 3:8.

l Gn. 17:7; Gál. 3:7.

m Hch. 7:8.

n Col. 2:11-13 [i.e., 14]; Luc. 22:15.

o Mt. 19:13-14.

p [Luc.] 18:15.

q Hch. 2:38-39.

r August[ín], *De Genesi* [*ad Littaram*], X.xxiii; Orígenes, *In Rom.* 6.

s *Epistola ad Fidum*

t Mt. 28:19.

u Jer. 7:31.

v Ef. 5:19.

w 1 Co. 11:28.

NOTAS DEL TRADUCTOR

* Al decir "pacto evangélico," Wesley quiere distinguir entre el pacto de salvación por medio de la gracia de Dios en Cristo, y el pacto mosaico representado por la Ley de Sinaí.

** Al hablar de una "iglesia judía" (aquí y en otras partes), Wesley quiere enfatizar la continuidad del pueblo de Dios como "comunidad de pacto" entre el Antiguo Testamento y el Nuevo.

*** En los manuscritos originales, la enumeración de la parte IV sufre una leve confusión, dividiéndose en dos en cuanto a los números arábigos, pero siempre bajo el mismo encabezamiento de números romanos. Los editores en inglés han aclarado este asunto usando [A] y [B], decisión que se mantiene en estatraducción.

**** En el inglés de la Biblia que usaba Wesley, la versión de Lucas dice "even infants" ("hasta párvulos").

***** Aquí Wesley discute la traducción del término griego *anthropos*, el cual en sí significa tanto hombre como mujer, pero en la época de Wesley se traducía como "himself" (solo el hombre). De igual manera, cuando la siguiente oración dice "a sí mismo," el inglés se refiere solo al hombre.

Sermón 45
EL NUEVO NACIMIENTO
Reverendo Juan Wesley

Juan 3.7: *Os es necesario nacer de nuevo*

1. Si algunas doctrinas, dentro del ámbito total del cristianismo, pueden propiamente llamarse fundamentales, indudablemente lo son estas dos: la doctrina de la justificación y la del nuevo nacimiento: la primera en relación con la gran obra que Dios hace *por nosotros*, al perdonar nuestros pecados; la segunda con la gran obra que Dios hace *en nosotros*, al renovar nuestra naturaleza caída. En orden cronológico, ninguna de estas es anterior a la otra. En el mismo momento en que somos justificados por la gracia de Dios mediante la redención que hay en Jesús somos también *nacidos del Espíritu*;[1] pero en el orden del pensamiento, como se dice, la justificación precede al nuevo nacimiento. Primeramente, concebimos que su ira es apartada, y luego que su Espíritu obra en nuestros corazones.

2. ¡De cuán gran importancia,entonces, debe ser para todo ser humano entender a fondo estas doctrinas fundamentales! Por estar plenamente convencidos al respecto, muchas excelentes personas han escrito muy extensamente acerca de la justificación, explicando todos los puntos con ella relacionados, abriendo las Escrituras que la consideran. Del mismo modo, muchos han escrito acerca del nuevo nacimiento --y algunos de ellos bastante largo-- pero sin embargo no

tan claramente como hubiera sido de desear, ni tan profunda ni exactamente, y más bien han entregado una descripción abstrusa y oscura acerca de él, u otra ligera y superficial. Por lo tanto, parece que todavía hace falta una evaluación completa y al mismo tiempo clara del nuevo nacimiento. Una consideración tal que nos capacite para dar respuesta satisfactoria a estas tres preguntas: Primero, ¿por qué debemos nacer de nuevo? ¿Cuál es el fundamento de esta doctrina del nuevo nacimiento? En segundo lugar, ¿cómo debemos nacer otra vez? ¿Cuál es la naturaleza del nuevo nacimiento? Y en tercer lugar, ¿para qué debemos nacer de nuevo? ¿Con qué fin es necesario? Trataré de responder breve y sencillamente a estas preguntas, y luego agregaré algunas deducciones que fluyen de ellas naturalmente.

I

1. En primer lugar, ¿Por qué debemos nacer de nuevo? ¿Cuáles son los fundamentos de esta doctrina? Su fundamento es casi tan profundo como la creación del mundo, en el relato bíblico donde leemos: «*Y Dios*», el Dios trino, «*dijo: Hagamos al hombre a nuestra imagen, conforme a nuestra semejanza. Y creó Dios al hombre a su imagen, a imagen de Dios lo creó.*»[2] No solamente a su *imagen natural*, figura de su propia inmortalidad, un ser espiritual dotado de entendimiento, libre albedrío y diversos afectos; no meramente a su *imagen política*, gobernador del mundo inferior, que «*señoree en los peces*

del mar, en las aves de los cielos, en las bestias, en toda la tie-rra...»,[3] sino mayormente a su *imagen moral,* la cual, conforme al apóstol, es *justicia y verdadera santidad.*[4] Conforme a esta imagen de Dios fue hecho el ser humano. *Dios es amor;*[5] por consiguiente el humano, al ser creado, estaba lleno de amor, el cual era el principio único de todos sus estados de ánimo, pensamientos, palabras y acciones. Dios está lleno de justicia, misericordia y verdad: así era el humano al salir de las manos de su Creador. Dios es pureza inmaculada: y así era el ser humano en el principio, puro, sin mancha pecaminosa alguna. De otro modo Dios no hubiera podido declarar que el humano era tal como todas las otras obras de sus manos, *muy bueno.*[6] Esto hubiera sido imposible si el ser humano no estuviese puro de pecado, y lleno de justicia y verdadera santidad. Porque no hay término medio. Si suponemos que una criatura inteligente no ama a Dios, que no es justa ni santa, necesariamente suponemos que no es para nada buena, mucho menos que sea «muy buena».

2. Pero, aunque el humano fue hecho a imagen de Dios, sin embargo no fue hecho inmutable. Esto hubiera sido incompatible con el estado de prueba en que Dios quiso colocarlo. Por lo tanto, fue creado capaz de permanecer firme y sin embargo sujeto a la posibilidad de caer. Y de esto Dios mismo le previno y le dio una solemne advertencia al respecto. Sin embargo, *el hombre no permaneció en honra.*[7] Cayó de su alto estado. *Comió del árbol del cual Dios le había ordenado: No comerás de él.*[8] Mediante este acto voluntario de desobediencia a su Crea-

dor, esta rebelión simple y llana contra su soberano, declaró abiertamente que ya no quería que Dios gobernase sobre él; que deseaba ser gobernado por su propia voluntad, y no por la voluntad de quien le había creado, y que no buscaría su felicidad en Dios, sino en el mundo, en las obras de sus manos. Ahora bien, Dios le había dicho antes: *«El día que de él comieres, ciertamente morirás».*[9] Y la palabra del Señor no puede ser quebrantada. Por consiguiente, en ese día murió: murió para Dios, la más espantosa de todas las muertes. Perdió la vida de Dios: fue separado de aquel en cuya unión consistía su vida espiritual. El cuerpo muere cuando se separa del alma; el alma cuando se separa de Dios. Pero Adán padeció esta separación de Dios en el día y la hora en que comió del fruto prohibido. Y de ello dio prueba inmediata, mostrando al momento por su conducta que el amor de Dios se había extinguido en su alma, la cual estaba ahora *ajena de la vida de Dios.*[10] En su lugar, estaba ahora bajo el poder del miedo servil, de modo que *huyó de la presencia del Señor.*[11] Ciertamente, tan poco retenía el conocimiento de aquel que llena los cielos y la tierra que *se escondió de la presencia de Jehová Dios entre los árboles del huerto.*[12] Así había perdido tanto el conocimiento como el amor de Dios, sin los cuales la imagen de Dios no puede subsistir. Por lo tanto, al mismo tiempo fue privado de ella, y quedó desprovisto de santidad y de felicidad. En lugar de estas, quedó sumergido en el orgullo y la obstinación, que son la misma imagen del diablo, y en los deseos y apetitos sensuales, a imagen de las bestias que perecen.

3. Si se dijera: "No, pero esa amenaza *«El día que de él comieres, ciertamente morirás»*, se refiere a la muerte temporal y a esta sola, a la muerte del cuerpo solamente", la respuesta es sencilla: afirmar tal cosa es llana y palpablemente hacer a Dios mentiroso, aseverar que el Dios de verdad afirmó algo contrario a la verdad. Porque es evidente que Adán no *murió* en ese sentido «el día que de él comió». Después vivió, en el sentido contrario a esa muerte, más de novecientos años; de modo que esto no puede entenderse como la muerte del cuerpo sin impugnar la veracidad de Dios. Por lo tanto, debe entenderse como muerte espiritual, como la pérdida de la vida e imagen de Dios.

4. Y *en Adán todos mueren,*[13] todo el género humano, todos los seres humanos que entonces estaban en las entrañas de Adán. La consecuencia natural de esto es que todo aquel que desciende de él llega al mundo espiritualmente muerto, muerto para Dios, enteramente *muerto en pecado;*[14] totalmente vacío de la vida de Dios, vacío de la imagen de Dios, de toda esa *justicia y santidad*[15] en la cual Adán fue creado. En lugar de esto, todo ser humano nacido en el mundo lleva ahora la imagen del diablo, en orgullo y obstinación, la imagen de la bestia, en apetitos y deseos sensuales. Este es entonces el fundamento del nuevo nacimiento: la corrupción total de nuestra naturaleza. Por consiguiente, siendo *nacidos en pecado,*[15] nos *es necesario nacer de nuevo.*[17] Luego, todo aquel que es nacido de mujer debe nacer del Espíritu de Dios.

II

1. ¿Pero cómo debe una persona nacer de nuevo? ¿Cuál es la naturaleza del nuevo nacimiento? Esta es la segunda pregunta. Y es una pregunta de la mayor trascendencia que se puede concebir. Por lo tanto, en una cuestión de tanto peso no debemos contentarnos con una investigación liviana, sino examinarla con todo el cuidado posible y sopesarla en nuestros corazones hasta que comprendamos plenamente este punto tan importante y veamos claramente cómo hemos de nacer de nuevo.

2. No se trata de que hemos de esperar alguna descripción minuciosa y filosófica de *la manera* cómo esto sucede. Nuestro Señor nos advierte lo suficiente contra cualquier expectativa semejante mediante las palabras que siguen inmediatamente al texto, donde le recuerda a Nicodemo un hecho tan indiscutible como cualquier otro en todo el ámbito de la naturaleza, el cual, sin embargo, la persona más sabia bajo el sol no es capaz de explicar del todo. *«El viento de donde quiere sopla»*, no por tu poder o sabiduría, *«y oyes su sonido»*. Estás absolutamente seguro, más allá de toda duda, de que sopla. *«Mas ni sabes de dónde viene ni a dónde va»*. Nadie puede decir con precisión cómo comienza y cómo termina, cómo se alza y cómo cae. *«Así es todo aquel que es nacido del Espíritu»*. Puedes estar tan seguro de este hecho como del soplar del viento, pero la manera precisa en que ello sucede, cómo el Espíritu Santo obra esto en el alma, ni tú ni el más sabio de los seres humanos es capaz de explicarlo.

3. Sin embargo, basta para todo propósito cristiano y racional que, sin descender a indagaciones curiosas y críticas, podamos dar una descripción sencilla y bíblica de la naturaleza del nuevo nacimiento. Esto ha de satisfacer a toda persona razonable que sólo desea la salvación de su alma. La expresión «nacido de nuevo» no fue usada por primera vez por nuestro Señor en su conversación con Nicodemo. Era bien conocida antes de esa ocasión, y era de uso común entre los judíos antes de que nuestro Salvador se presentase entre ellos. Cuando un pagano adulto se convencía de que la religión judía tenía origen divino y deseaba unirse a ella, era costumbre bautizarlo primero antes de ser admitido a la circuncisión. Y cuando era bautizado se decía que había «nacido de nuevo»: por lo cual se significaba que quien era antes hijo del diablo era ahora admitido en la familia de Dios y contado como uno de sus hijos. Por lo tanto, esta expresión que había «nacido de nuevo»: por lo cual se significaba que quien era antes hijo del diablo era ahora admitido en la familia de Dios y contado como uno de sus hijos. Por lo tanto, esta expresión que Nicodemo, siendo *maestro de Israel*,[18] debiera haber comprendido bien, es empleada por nuestro Señor al conversar con él, sólo que en un sentido más vigoroso que aquel al cual él estaba acostumbrado. Y esta puede ser la razón de que haya preguntado: *«Cómo puede hacerse esto?»*[19] No puede serlo naturalmente. *«Un hombre»* no puede *«entrar por segunda vez en el vientre de su madre y nacer».*[20] Pero espiritualmente puede ser. Una persona puede *nacer de arriba,*[21] *nacer de Dios,*[22] *nacer de Espíritu,*[23] en un

sentido que contiene una analogía muy cercana al nacimiento natural.

4. Antes que un niño nazca en el mundo tiene ojos pero no ve, tiene oídos pero no oye. Tiene un uso imperfecto de todos los otros sentidos. No tiene conocimiento de ninguna de las cosas que hay en el mundo, ni ningún entendimiento natural. A ese modo de existencia que entonces tiene ni siquiera le llamamos vida. Solamente cuando la persona nace decimos que comienza a vivir, pues tan pronto como nace comienza a ver la luz y los variados objetos que le circundan. Se abren sus oídos y oye los sonidos que sucesivamente llegan a ellos. Al mismo tiempo, todos los otros órganos de los sentidos comienzan a ejercitarse sobre sus objetos propios. Asimismo, respira y vive de una manera totalmente diferente a la que antes lo hacía. ¡Con cuánta exactitud se mantiene el paralelo en todas estas instancias! Mientras una persona está en su mero estado natural, antes que haya nacido de Dios, no tiene relación con él, no está familiarizado con él en absoluto. No tiene verdadero conocimiento de las cosas de Dios, tanto de las cosas espirituales como de las eternas. Por tanto, aunque sea un ser humano vivo, es un cristiano muerto.

Pero tan pronto como es nacido de Dios hay un cambio total en todos estos aspectos. Se abren los ojos de su entendimiento[24] (tal es el lenguaje del gran Apóstol). Y aquel que antiguamente *mandó que de las tinieblas resplandeciese la luz, y que resplandeciese en su corazón*, hará que la persona reciba *la iluminación de la gloria de Dios*, su glorioso amor, *en la faz de Jesucristo.*[25] Habiendo sido abiertos sus oídos, es ahora capaz de oír la voz interior de Dios que le dice: *«Ten ánimo, tus pecados te son perdonados.»*[26] Esto significa lo que Dios habla a su corazón, aunque quizás no en estas mismas palabras. Ahora está listo para oír cualquier cosa que *el que enseña al hombre la ciencia*[27] se complazca revelarle de tanto en tanto. «Siente en su corazón (para emplear el lenguaje de nuestra Iglesia) el poderoso obrar del Espíritu de Dios». No en un sentido burdo y carnal, tal como los del mundo estúpida y maliciosamente malentienden esta expresión, aunque se les haya explicado una y otra vez, sino que por ella significamos nada más ni nada menos que esto: que siente interiormente y es sensible a las gracias que el Espíritu de Dios obra en su corazón. Siente, y sabe que siente, *la paz que sobrepasa todo entendimiento.*[28] Muchas veces siente tal gozo en Dios que es algo *inefable y glorioso.*[29] Siente el *amor de Dios derramado en su corazón por el Espíritu Santo que le fue dado.*[30] Y todos sus sentidos espirituales son *ejercitados en el discernimiento del bien y del mal.*[31] Mediante el uso de estos crece diariamente en el conocimiento de Dios y de Jesucristo a quien ha enviado, y de todo lo que corresponde a su reino interior. Y ahora puede decirse cabalmente de él *que vive*: Dios le ha *vivificado mediante su espíritu.*[32] Está *vivo para Dios en Cristo Jesús.*[33] Vive una vida que el mundo no conoce, una *vida que está escondida con Cristo en Dios.*[34] Dios está permanentemente respirando, por así decir, sobre su alma, y su alma está respirando en Dios. La gracia desciende hasta dentro de su corazón, y la oración y la alabanza ascienden al cielo. Y mediante este intercambio entre Dios y la persona, esta *comunión con el Padre y con su Hijo,*[35] como por una forma de respiración espiritual, es sustentada la vida de Dios en el alma, y el hijo de Dios crece, hasta que alcanza *la medida de la estatura de la plenitud de Cristo.*[36]

5. Por tanto, aquí se manifiesta claramente cuál es la naturalezadel nuevo nacimiento. Es el gran cambio que Dios opera en el alma cuando la trae a la vida, cuando la levanta de la muerte del pecado a la vida de justicia. Es el cambio obrado en toda el alma por el todopoderoso Espíritu de Dios cuando ella es de nuevo *creada en Cristo Jesús,*[37] cuando es *renovada conforme a la imagen de Dios,*[38] *en la justicia y santidad de la verdad,*[39] cuando el amor al mundo es transformado en el amor a Dios, el orgullo en humildad, la pasión en mansedumbre, el odio, la envidia y la malicia en un amor sincero, tierno y desinteresado por todo el género humano. En una palabra, es ese cambio mediante el cual la mente *terrenal, animal, diabólica*[40] se transforma en *el sentir que hubo también en Cristo Jesús.*[41] Esta es la naturaleza del nuevo nacimiento. *Así es todo aquel que es nacido del Espíritu.*[42]

III

1. No es difícil para quien ha considerado estas cosas ver la necesidad del nuevo nacimiento, y responder a la tercera pregunta: ¿Para qué, con qué fin, es necesa-

rio nacer otra vez? Muy fácilmente se percibe que es necesario, en primer lugar, para la santidad. ¿Pues qué es la santidad, conforme a los oráculos de Dios? No una religión apenas externa ni una ronda de deberes exteriores, por muchos que estos puedan ser y por más exacto que sea su cumplimiento. No: la santidad del Evangelio es nada menos que la imagen de Dios estampada en el corazón. No es otra cosa que el pleno sentir que hubo en Cristo Jesús. Consiste en todos los afectos y tendencias celestiales combinados juntos en uno. Implica un amor tan continuo y agradecido hacia aquel que no nos escatimó a su Hijo, *su único Hijo*,[43] que nos resulta natural y necesario amar a toda criatura humana; dado que nos llena con *entrañas de misericordia, de benignidad, de humildad, de mansedumbre, de paciencia*.[44] Es un amor a Dios de tal calidad que nos enseña a ser intachables en toda clase de conversación, que nos capacita para presentar nuestras almas y cuerpos, todo lo que somos y todo lo que tenemos, todos nuestros pensamientos, palabras y acciones, como un sacrificio continuo *aceptable a Dios por medio de Jesucristo*.[45] Ahora bien, esta santidad no puede tener existencia alguna hasta que somos renovados en la imagen de nuestra mente. No puede comenzar en el alma hasta que se produzca dicho cambio, *hasta que mediante el poder del Altísimo, cubriéndonos con su sombra*,[46] seamos traídos *de las tinieblas a la luz, y de la potestad de Satanás a Dios*;[47] esto es, hasta que nazcamos de nuevo, lo cual, por lo tanto, es absolutamente necesario en orden a lasantidad.

2. Pero *sin santidad nadie verá al Señor*,[48] ni verá la faz de Dios en gloria. Por consiguiente, el nuevo nacimiento es absolutamente necesario para la salvación eterna. Las personas pueden adularse a sí mismas pensando (¡tan desesperadamente *perverso y engañoso es el corazón* humano![49]) que pueden vivir en sus pecados hasta llegar al último aliento y a pesar de ello vivir después con Dios. Y miles realmente creen que han encontrado un *camino espacioso que no lleva a la perdición*.[50] ¿En qué peligro, dicen, puede estar una mujer tan inofensiva y tan virtuosa? ¿Qué peligro hay de que un hombre tan honesto, de una moralidad tan estricta pueda perderse el cielo? Especialmente si por encima y más allá de todo esto asisten constantemente a la iglesia y participan de los sacramentos. Alguno de ellos preguntará, con toda seguridad: «Y qué: ¿no habrá de irme tan bien como a mis vecinos?» Sí, tan bien como a tus vecinos impíos, tan bien como a tus vecinos que morirán en sus pecados. Porque todos caerán juntos a la fosa, dentro del infierno más profundo. Todos ustedes han de yacer juntos en el lago de fuego, el *lago de fuego que arde con azufre*.[51] Entonces finalmente verás (¡pero Dios te conceda que puedas verlo antes!) la necesidad de la santidad para alcanzar la gloria, y por consiguiente del nuevo nacimiento, ya que nadie puede ser santo sin haber nacido de nuevo.

3. Por la misma razón, sin nacer de nuevo nadie puede ser feliz ni aun en este mundo. Porque no es posible, según la naturaleza de las cosas, que sea feliz una persona que no es santa. Aun el pobre poeta pagano

nos dice, *nemo malus felix*[52] (ningún malo es feliz). La razón es sencilla: toda tendencia impía es una tendencia incómoda. No sólo la malicia, el odio, la envidia, los celos, la venganza crean un infierno presente en el corazón, sino que aun las pasiones más suaves, si no se mantienen dentro de los límites debidos, dan mil veces más dolor que placer. Hasta la *esperanza*, cuando *se demora* (¡y cuán a menudo tal ha de ser el caso!) *es tormento del corazón.*[53] Y todo deseo que no concuerda con la voluntad de Dios tiende a *traspasarnos con muchos dolores.*[54] Y todas esas fuentes de pecado, orgullo, contumacia e idolatría son, en la misma proporción en que prevalecen, fuentes de miseria. Por lo tanto, mientras reinenen cualquier alma, allí la felicidad no tiene lugar. Pero deben reinar hasta que la inclinación de nuestra naturaleza cambie, esto es, hasta que nazcamos de nuevo. Por lo tanto, el nuevo nacimiento es absolutamente necesario para lograr la felicidad en este mundo, así como en el mundo porvenir.

IV. Me propongo, en último término, añadir unas pocas deducciones que se siguen naturalmente de las observaciones precedentes.

1. En primer lugar se deduce que el bautismo no es el nuevo nacimiento: no son una y la misma cosa. Por cierto que muchos parece que se imaginan que son lo mismo; por lo menos, hablan como si así lo pensaran. Pero yo no conozco que esta opinión sea sustentada públicamente por ninguna denominación de cristia-

nos. Ciertamente por ninguna dentro de estos reinos, sea en la Iglesia establecida o en las que disienten de ella. El juicio de estas últimas está claramente expuesto en el *Catecismo Mayor*. «*Pregunta*: Cuáles son las partes de un sacramento? *Respuesta*: Las partes de un sacramento son dos: primero, un signo exterior y sensible... la otra, una gracia interior y espiritual por él significado... *P*.: ¿Qué es el bautismo? *R*.: El bautismo es un sacramento... por el cual Cristo ha ordenado el lavamiento con agua... para que sea signo y sello de... la regeneraciónpor su Espíritu». Aquí queda manifiesto que se habladel bautismo, el signo, como algo distinto a la regeneración, la cosasignificada.

Asimismo, en el *Catecismo de la Iglesia* se expone el juicio de nuestra Iglesia con la mayor claridad. «¿Qué entiendes por esta palabra: sacramento? Entiendo un signo exterior y visible de una gracia interior e invisible.[...] ¿Cuál es la parte exterior o formal en el bautismo? El agua, en la cual la persona es bautizada, en el nombre del Padre, del Hijo y del Espíritu Santo. ¿Cuál es la parte interior o la cosa significada? Una muerte al pecado y un nuevo nacimiento para justicia.» Por lo tanto, nada es más evidente que, de acuerdo con la Iglesia Anglicana, el bautismo no es el nuevo nacimiento.

Pero ciertamente la razón de esto es tan clara y evidente que no necesita ninguna otra autoridad. ¿Pues qué cosa puede ser más evidente que el hecho de que una es obra externa y la otra es interna? Una es visible y la otra invisible, y por lo tanto totalmente diferentes la una de la otra: una es un acto humano, que purifica el cuerpo, y la otra un cambio operado por Dios en el alma. De modo que la primera es tan exactamente distinguible de la segunda como el cuerpo lo es del alma o como el agua lo es del Espíritu Santo.

2. De las reflexiones precedentes podemos, en segundo lugar, observar que como el nuevo nacimiento no es la misma cosa que el bautismo, así también no siempre acompaña al bautismo; no van permanentemente juntos. Una persona puede ser *nacida del agua*,[55] y sin embargo no haber *nacido del Espíritu*.[56] A veces puede haber signo exterior donde no hay a la vez gracia interior. No hablo ahora con respecto a los párvulos: es cierto que nuestra Iglesia supone que todos aquellos que son bautizados en su infancia al mismo tiempo nacen de nuevo. Y se admite que todo el oficio del bautismo de párvulos procede de esta suposición. Ni es objeción de algún peso contra esto que no podamos comprender cómo esta obra es efectuada en los párvulos, porque tampoco podemos comprender cómo es realizada en una persona en edad madura. Pero sea como sea en el caso de los párvulos, es seguro que no todos los adultos que son bautizados nacen de nuevo al mismo tiempo. *Porque por el fruto se conoce el árbol.*[57] Y esto resulta demasiado evidente como para negar que unos cuantos de los que eran hijos del diablo antes de ser bautizados continúan siendo lo mismo después del bautismo: *porque hacen las obras de su padre,*[58] continúan como siervos del pecado, sin ningún reclamo de santidad interior o exterior.

3. Una tercera deducción que se puede obtener de lo dicho es que el nuevo nacimiento no es lo mismo que la santificación. Por cierto que esto muchos lo dan por sentado, especialmente un eminente escritor en su último tratado sobre «Naturaleza y fundamentos de la regeneración cristiana». Para omitir varias otras objeciones de peso que se pueden hacer a dicho tratado, esta es una bien palpable: en toda su extensiónhabla de la regeneración como una obra progresiva llevada a cabo en el alma, gradual y lentamente,desde el momento en que por primera vez nos volvemos a Dios. Esto es una verdad innegable en cuanto a la santificación; pero en cuanto a la regeneración, al nuevo nacimiento, no es verdad. Este es parte de la santificación, no toda; es el portón de entrada a ella. Cuando nacemos de nuevo comienza nuestra santificación, nuestra santidad interior y exterior. Y desde entonces en adelante gradualmente hemos de *crecer en todo en aquel que es nuestra cabeza.*[59] Esta expresión del apóstol ilustra admirablemente la diferencia entre la una y la otra, y apunta aún más allá a la analogía exacta que hay entre las cosas naturales y las espirituales. Un niño nace de mujer en un momento o, por lo menos, en un tiempo muy corto. Luego crece gradual y lentamente hasta que alcanza la estatura de una persona adulta. Del mismo modo, un hijo de Dios nace como tal en un tiempo breve, si no en un momento. Pero luego crece gradual y lentamente hasta *la medida de la estatura de la plenitud de Cristo.*[60] La misma relación pues que hay entre nuestro nacimiento natural y nuestro crecimiento la hay también entre nuestronuevo nacimientoy nuestra santificación.

4. Un aspecto más podemos aprender de las observaciones precedentes. Pero es de tanta importancia que puede perdonársenos que lo consideremos más cuidadosamente yle demos un tratamiento algo extenso. ¿Qué debe decirle alguien que ama a las almas humanas y se aflige porque alguna de ellas pueda perderse a una persona a quien ve que quebranta el día de reposo, que vive en la ebriedad o en cualquier otro pecado voluntario? ¿Qué puede decirle, si las observaciones anterioresson correctas,sino «tienes que nacer de nuevo»? «No», dice una persona celosa, «eso no puede ser.

¿Cómo se le puede hablar con tanta falta de caridad a esa persona? ¿No ha sido ya bautizado? Ahora no puede nacer de nuevo.» ¿No puede ahora nacer de nuevo? ¿Tú afirmas esto? Entonces no puede salvarse. Aunque fuese tan viejo como Nicodemo, sin embargo, *si no naciere de nuevo, no puede ver el reino de Dios.*[61] Por lo tanto, al decir que «no puede nacer de nuevo» estás de hecho entregándolo a la condenación. ¿Y dónde está ahora la falta de caridad? ¿De mi lado o del tuyo? Yo digo: «Puede nacer de nuevo y llegar a ser heredero de la salvación». Tú dices: «No puede nacer de nuevo.» Y si es así, inevitablementedebe perecer. ¡De este modo tú le obstruyes el camino a la salvación y lo mandas al infierno por pura caridad!

Pero quizás al mismo pecador a quien con auténtica caridad le decimos: «Tienes que nacer de nuevo», le han enseñado adecir: «Yo desafío tu nueva doctrina; no necesito nacer de nuevo. Nací de nuevo cuando fui bautizado. ¡Qué! ¿Quieres que niegue mi bautismo?» Contesto: no hay nada bajo el cielo que sirva de excusa a una mentira. De otra manera, le diría a uno que abiertamente viveen pecado: «Si has sido bautizado no lo confieses. ¡Porque en cuánta medida esto agrava tu culpa! ¡Cómo aumenta tu condenación! ¿Fuiste consagrado a Dios a los ocho días de nacer y luego te has consagrado todos estos años al diablo? ¿Fuiste tú consagrado, aun antes de tener uso de razón, a Dios el Padre, el Hijo y el EspírituSanto? ¿Y, después que tuviste uso de ella, has estado huyendo del rostro de Dios y te has consagrado a Satanás? ¿Acaso *la abominación desoladora,*[62] el amor al mundo, el orgullo, la ira, la lujuria, los deseos insensatos y todo un conjunto de afectos viles se mantienen firmes donde no deberían? ¿Has establecido todas estas maldiciones en esa alma que fue una vez *templo del Espíritu Santo*[63] y apartada *para morada de Dios en el Espíritu?*[64] ¿Fuiste solemnemente entregado a él, y te glorías en esto, en que una vez perteneciste a Dios? ¡Oh, avergüénzate! ¡Ruborízate! ¡Escóndete bajo tierra! ¡Nunca te jactes de aquello que debiera llenarte de confusión y avergonzarte delante de Dios y de loshumanos!

Respondo, en segundo lugar, que ya has negado tu bautismo, y lo has hecho de la manera más eficaz. Lo has negado mil y mil veces, y todavía lo haces día a día. Porque en tu bautismo renunciaste al diablo y a todas sus obras. Por lo tanto, cuando quiera que le das lugar nuevamente, cuando haces cualquiera de las obras del diablo, estás negando tu bautismo. Por lo tanto, lo niegas mediante cualquier pecado voluntario, mediante todo acto de impureza, ebriedad, o venganza, mediante toda palabra obscena o profana, mediante todo juramento que sale de tu boca. Todas las veces que profanas el día del Señor niegas tu bautismo, y por cierto cada vez que haces algo a otro que no quisierasque él te haga a ti.

Respondo en tercer lugar que, seas bautizado o no lo seas, tienes que nacer de nuevo. De otra manera no te sería posible ser interiormente santo, y sin la santidad interior así como la exterior no puedes ser feliz ni siquiera en este mundo, mucho menos en el mundo venidero. ¿Dices tú: «Pero es que yo no hago daño a nadie, soy honesto en todos mis negocios, no maldigo, ni tomo el nombre de Dios en vano, no profano el día del Señor, no soy borracho, no calumnio a mi prójimo, ni vivo en ningún pecado voluntario»? Si esto es así, mucho sería de desear que todas las personas fueran tan lejos como tú. Pero debes ir aún más lejos, o no podrás salvarte. Aún debes nacer de nuevo. Tú agregas: «Yo voy más lejos; porque no solamente no hago daño, sino que hago todo el bien que puedo.» Esto lo dudo; me temo que has tenido mil oportunidades de hacer el bien que has dejado pasar desaprovechadas, y por las cuales eres responsable ante Dios. Pero si las has aprovechado a todas, si has hecho todo el bien que podías a todas las personas, a pesar de esto, en nada cambiael en nada cambia el caso. Todavía debes nacer de nuevo. Sin ello,nada le hará bien a tu alma pobre, pecadora y contaminada. «Pero es que yo asisto con constancia a todas las ordenanzas de Dios: persevero en mi iglesia y los sacramentos.» Está bien que lo hagas. Pero esto no te preservará del infierno, a menos que nazcas de nuevo.

Ve a la iglesia dos veces por día, participa de la mesa del Señor semanalmente, haz muchas oraciones en privado, escucha muchos sermones, buenos sermones, excelentes sermones, los mejores que jamás hayan sido predicados; lee siempre muchos libros buenos: todavía debes nacer de nuevo. Ninguna de estas cosas puede ocupar el lugar del nuevo nacimiento. Ni ninguna otra cosa bajo el cielo. Por lo tanto, si aún no has experimentado esta obra interior de Dios, que sea tu oración constante: «Señor: agrega ésta a todas tus bendiciones: que yo *nazca de nuevo*. Niégame lo que te plazca, pero no me niegues esto: ser *nacido de arriba*. Llévate cualquier cosa que te parezca bien: reputación, fortuna, amigos, salud. ¡Dame solamente esto: ser *nacido del Espíritu!* Ser recibido entre los hijos de Dios. Que nazca yo, *no de simienteincorruptible, sino de incorruptible, por la palabra de Dios que vive y permanece para siempre.*[65] Y entonces, que diariamente *crezca en la gracia y en el conocimiento de nuestro Señor y Salvador Jesucristo.*[66]

NOTAS

[1] Cf. Jn.3.6,8.

[2] Gn. 1.26-27.

[3] Cf. Gn.1.26.

[4] Cf. Ef.4.24.

[5] 1 Jn.4.8,16.

[6] Cf. Gn.1.31.

[7] Cf. Sal.49.12.

[8] Cf. Gn.3.11,17.

[9] Gn.2.17.

[10] Cf. Ef.4.18.

[11] Cf. Jon.1.10.

[12] Cf. Gn.3.8.

[13] Cf. 1 Co.15.22.

[14] Cf. Ef.2.5; Col.2.11.

[15] Cf. Ef.4.24.

[16] Cf. Jn.9.34.

[17] Cf. Jn.3.7.

[18] Cf. Jn.3.10.

[19] Jn.3.9.

[20] Cf. Jn.3.4.

[21] Cf. Jn.3.3.

[22] Cf. 1 Jn.3.9,

[23] Cf. 1 Jn.3.9, etc.

[24] Cf. Ef.1.18.

[25] Cf. 2 Co.4.6.

[26] Cf. Mt.9.2.

[27] Cf. Sal.94.10.

[28] Cf. Fil.4.7.

[29] Cf. 1 P.1.8.

[30] Cf. Ro.5.5.

[31] Cf. He.5.14.

[32] Cf. 1 P.3.18.

[33] Cf. Ro.6.11.

[34] Col.3.3.

[35] Cf. 1 Jn.1.3.

[36] Cf. Ef.4.13.

[37] Cf. Ef.2.10.

[38] Cf. Col.3.10.

[39] Cf. Ef.4.24.

[40] Cf. Stg.3.15.

[41] Cf. Fil.2.5.

[42] Jn.3.8.

[43] Cf. Gn.22.12,16.

[44] Cf. Col.3.12.

[45] Cf. 1P.2.5.

[46] Cf. Lc.1.35.

[47] Cf. Hch.26.18.

[48] Cf. He.12.14.

[49] Cf. Jer.17.9.

[50] Cf. Mt.7.13.

[51] Cf. Ap.19.20.

[52] Cita de *Sátiras*, del poeta latino Juvenal.

[53] Cf. Pr.13.12.

[54] Cf. 1 Ti. 6.10.

[55] Cf. Jn.3.5.

[56] Cf. Jn.3.6,8.

[57] Mt.12.33.

[58] Cf. Jn.8.41,44.

[59] Cf. Ef.4.15.

[60] Cf. Ef.4.13.

[61] Cf. Jn.3.3.

[62] Cf. Mt.24.15.

[63] Cf. 1 Co.6.19.

[64] Cf. Ef.2.22.

[65] 1 P.1.23.

[66] Cf. 2 P.3.18.

LOS MODOS BÍBLICOS DEL BAUTISMO CRISTIANO
Dra. Ruthie Córdova C.

El bautismo cristiano es "un sacramento que significa la aceptación de los beneficios de la propiciación de Jesucristo y administrado a los creyentes como declaración de su fe en Jesús como su Salvador...Siendo el bautismo el símbolo del nuevo pacto, se puede bautizar a los infantes a petición de sus padres o tutores...El bautismo puede ser administrado por aspersión (rociamiento), afusión (derramamiento) o inmersión" (Artículo de Fe, *Manual de la Iglesia del Nazareno*).

La práctica de bautizar era muy común entre los judíos desde antes que Jesús viniera a la tierra. Era un acto de purificación religiosa (Marcos 7:3-4; Mateo 15:2; Lucas 11:38). Bautizar significa lavar. Los lavamientos eran ritos para realizar por diferentes razones. Así que, el bautismo no era algo nuevo introducido por Juan el Bautista, por los apóstoles o por la iglesia primitiva.

Jesús permitió a sus discípulos bautizar a otros durante su ministerio, y luego, fue una práctica incluida dentro de la comisión que Él les dio. Cuando la iglesia cristiana se formó, los apóstoles de Jesucristo continuaron bautizando a adultos y niños de diferentes maneras o modos (rociamiento, derramamiento, inmersión), y eso se sabe porque se menciona en algunos pasajes del Nuevo Testamento (Juan 4:2; Mateo 28:19; Hechos 16:33) y por los escritos de algunos historiadores (Josefo) de la iglesia cristiana. Poco después, los primeros cristianos "usaron la ceremonia (del bautismo) como señal de compromiso con la fe cristiana.[1] La Iglesia Occidental bautizaba a infantes bajo el modo del rociamiento.

El bautismo y la circuncisión están relacionados en el sentido que ambos apuntan a la purificación o lavamiento de nuestros pecados. En el Antiguo Testamento, este concepto fue simbolizado por el derramamiento (rociar, esparcir, mojar) de sangre ordenados en la ley de Moisés y en el Nuevo Testamento fue simbolizado por el derramamiento del agua bautismal. Se simboliza el rociamiento como la manera más común que el sacerdote realizaba cuando administraba la sangre de los sacrificios (Levítico 14:6, 16; Rut 2:14). Incluso los profetas mencionan el rociamiento de agua para limpieza por el Mesías como una esperanza en el futuro (Isaías 52:15; Ezequiel 36:25).

En el Nuevo Testamento, se menciona que para las impurezas se practicaba el lavamiento de manos, de los utensilios, vasos, jarros, etc. (Marcos 7:2, 4-5). Pero también se mencionan los bautizos con sangre que se realizaban antiguamente (Hebreos 9:13, 19, 21).

Juan el bautista, bautizaba para el perdón de los pecados, predicaba el bautismo del arrepentimiento (Lucas 3:3) entendiéndose como lavamiento, una señal de purificación espiritual que resultaba del arrepentimiento del pecador. Incluso el bautismo del Espíritu Santo fue visto como un derramamiento en el día de Pentecostés, es decir, un bautismo o lavamiento espiritual (Hechos 1:5, 2:16-17ª).

Otra cosa interesante es que en las Escrituras se menciona que el agua, la sangre o el Espíritu Santo se aplica a la persona y no viceversa (Lucas 3:16; Juan 1:26, 33b; Hechos 1:5, 10:47), por lo que no apoyaría la idea de que la persona se sumerge en el agua. Tampoco se considera probable que los discípulos practicaran esta modalidad cuando bautizaban. Pues, eso significaría que se viesen obligados a buscar un río para hacerlo. Según las Escrituras, los apóstoles bautizaban en el mismo momento y lugar donde la persona se convertía (creer en Jesucristo, su muerte y resurrección). Ya sea que estuvieran en el desierto, ciudad, por el camino, a orilla de un río, en una casa o prisión. Tampoco importaba si era verano o invierno, ni había necesidad de un cambio de ropa para la ocasión.

Siglos más tarde, por la extensión de la iglesia Cristiana a muchas áreas del mundo, mayormente paganas, se tuvo que hacer unos cambios en cuanto al tiempo previa a que una persona sería bautizada, ya que para asegurarse que entendieran la fe cristiana, se instituyó que los nuevos creyentes pasaran por un periodo de tres años para ser catequizadas primero y después serían bautizadas.

En el siglo XVI, el modo de bautismo se convirtió en un tema de discusión después del movimiento de la Reforma, por lo que las iglesias de ese tiempo tuvieron que formular confesiones y afirmar sus creencias al respecto. Entonces algunas iglesias practicaron el bautismo solo por el modo de inmersión y otras iglesias practicaron varios modos de bautismo (aspersión, afusión e inmersión). Las que enfatizaban un solo modo de bautismo, se enfocaron más en un significado de la traducción de la palabra griega *bautizar* (sumergir) y olvidaron los otros términos como derramar, esparcir, limpiar, lavar, etc. que, en un entendimiento más amplio del contexto bíblico, histórico, y teológico del significado del lavamiento de los pecados en el Antiguo Testamento. Para esas iglesias, solo debían bautizarse los creyentes que tuvieran edad suficiente para tener fe personal. A esto se le llamó "bautismo de creyentes".

Siglos más tarde, algunas iglesias siguieron insistiendo en que había un solo modo de bautizo y si no se bautizaba de ese modo, entonces ese bautismo no tenía validez. Buscaron fundamentar su posición mayormente con el bautismo de Jesús (Marcos 1:9-11), y el simbolismo que el apóstol Pablo utiliza del bautismo para expresar la idea de que somos sepultados y resucitados con Jesús (Romanos 6:3-4; Colosenses 2:12). Para otras iglesias, la validez del bautismo no se encontraba en el modo, sino en la cantidad de agua o si este había sido hecho en nombre de la Trinidad.

En el siglo XVII George Fox y la Sociedad de Amigos (cuáqueros) afirmaron que el único verdadero bautismo era el del Espíritu Santo y no bautizaron con agua a niños ni adultos. Rechazaron el ritual o ceremonia del bautismo por no creerla necesaria para la salvación. Entre los temores que algunos cristianos de ese tiempo tenían con respecto al bautizo, era que algunas personas eran un poco supersticiosas y pensaban que bautizarse era una especie de "protección". Por tanto, lo hacían solo por esa razón. Cuanto más, cuando se rumoraba que los que no se bautizaban irían al infierno. Por lo que algunas iglesias prefirieron entonces enfatizar la necesidad de la fe personal para ser bautizados.

Existen diversas maneras de oficiar los sacramentos del bautismo y de la Santa Cena. En cuanto al bautismo, las diferencias se refieren al modo o forma de administrar, al creyente y los beneficios del mismo. Lamentablemente, algunas iglesias cuestionan la validez del sacramento dependiendo del modo como se aplique, la cantidad de agua empleada, etc. Pero la verdad es que esto no es lo importante, sino la razón por la que se hace.

Aun el modo del bautismo por inmersión (sumergirse en el agua por completo) es cuestionado como una práctica judía, ya que no se han encontrado escritos sobre el mismo. Ni el bautismo de Jesús o el bautismo que administraban los apóstoles en los ríos se consideran como una inmersión total. En los pasajes bíblicos de Marcos 1:9, 11 y Hechos 8:38-39 se hace referencia a que las personas "descendieron y subieron del agua", pero eso no significa necesariamente inmersión total. Sino más bien, rociamientos o derramamientos del agua sobre ellos (Números 8:7, 19: 13, 18-19).

A continuación, se da un breve resumen de los tres modos o formas bíblicas de administrar el bautismo cristiano.

ASPERSION (rociamiento). Ritual de rociar/salpicar agua. Palabra latina *aspersio* que significa "rociar o desparramar con gotas". En el tiempo bíblico se utilizaban hisopos (Números 19:8- 12; Ezequiel 36:25-26; 1 Corintios 10:2; Salmo 77:16-20), recipientes para realizar los ritos de bautismo o lavamiento. El día de hoy, algunas iglesias cristianas utilizan una rosa con un tallo largo, o un aspersorio (varilla de madera o metal con una esfera hueca que retiene agua) o solo se mojan los dedos de la mano y luego la sacuden para rociar.

AFUSION/EFUSION (derramamiento). Acción de verter o derramar agua sobre algo desde cierta altura. Es palabra latina *affusio* que significa verter.

En tiempos bíblicos se usaban recipientes o cuencos con agua que se derramaba sobre la cabeza de la persona. Ya sea que estuvieran en una casa, en el camino, en una prisión u otro recinto. Aun si se entraba en un rio, se pudo usar un tipo de vasija para recoger agua y luego derramarla sobre la cabeza de la persona. Si estaban cerca al mar, era probable que usaran conchas grandes para poner agua. El día de hoy, las iglesias cristianas utilizan recipientes de vidrio o de metal para los bautismos, o solo usan una mano llena de agua y ungen la cabeza de los candidatos con el agua, que representa la sangre de Cristo derramada por cada uno de ellos.

INMERSION (sumergir). Algunas iglesias creen que esta modalidad se realizó en tiempos bíblicos, por lo que siguieron haciéndolo a través de los anos. Se asume que el creyente se sumergía o era sumergido totalmente bajo las aguas del rio. Pero existe un debate sobre el tema y dudas de esa práctica, por el significado de la palabra "bautizo", "subir y bajar de las aguas" y los relatos bíblicos e históricos del desarrollo de la iglesia. Hoy en día, algunas iglesias cristianas tienen baptisterios en los santuarios. De lo contrario, las personas son bautizadas en ríos, en el mar o en piscinas.

En algunas iglesias, el modo de bautismo lo elige el candidato a bautizarse y en otras, es el sacerdote, obispo o pastor.

Se afirma que el bautismo cristiano debe realizarse una sola vez en la vida, utilizando la fórmula de la Trinidad y entendiendo lo que significa este acto. Se rechazan los bautismos realizados por sectas porque estas no reconocen la deidad de Jesús o solo enfatizan en una persona de la Trinidad.

BIBLIOGRAFÍA

Outts, John J. *En esto Creemos*. Ejercito de Salvación. Londres, 1978.

Van Engen, Carlos. *Hijos del Pacto*. TELL, Michigan, USA., 1985.

Teja, Gary. *Los Sacramentos*. Centro Internacional de Teología por Extensión, 1983.

Hodge, Carlos. *De la Insignia cristiana*. Fundación Editorial de Literatura Reformada, Países Bajos, 1987.

NOTA

[1] Outts, John. *En Esto* Creemos, p. 142

"El tratado sobre el bautismo": UNA REFLEXIÓN A LA LUZ DE LA PRÁCTICA ACTUAL
Dra. MaryLou Riggle

Juan Wesley hizo uso de los Artículos de la Iglesia de Inglaterra para definir un sacramento como "una señal externa y visible de una gracia interior y espiritual, y como un medio por el cual recibimos la misma gracia." Insistió en que cualquier sacramento tiene que ser ordenado por Cristo mismo. Por eso, Wesley consideraba que únicamente el bautismo y la Cena del Señor fueron instituidos por Cristo. Aparte de unos folletos pequeños y el Tratado, Wesley no nos dejó una obra sobre la doctrina del bautismo. Encontramos pocas declaraciones sobre el tema en sus sermones, diarios y cartas.

Wesley apoyaba la validez del bautismo de los infantes porque tanto los niños como los adultos son culpables del pecado original y necesitan ser lavados del pecado original. El bautismo es el medio ordinario por el cual Dios ha escogido efectuar tal lavamiento. Sin embargo, reconocía que los méritos de la muerte de Cristo son aplicados al niño aun cuando el bautismo no esté disponible. Pero, insistió que la omisión del bautismo de los infantes de padres creyentes fuera una situación extraordinaria, no ordinaria.

Los niños de los padres creyentes están bajo el pacto redentor de Abraham y la gracia de Dios obra ya en los pequeños; entonces el bautismo es la señal apropiada de tal hecho. La condición es la fe, aunque, en el caso de niños, esta es la fe de los padres al favor del infante. De la misma manera que la circuncisión era el sello del antiguo pacto, así el bautismo es sello del nuevo pacto. (Wesley hizo referencia a Deuteronomio 29:10- 12, donde se incluyen a los niños de manera específica).

Tal y como la eficacia del pacto con Abraham dependía de la fe y la obediencia hacia Dios, así se requieren la fe y la obediencia de los padres y de los niños cuando lleguen a la edad de responsabilidad. (Nuevamente, Wesley cita Gén. 22:18 y Gál. 3:16). De la misma manera como la circuncisión era la señal externa del antiguo pacto, así es el bautismo delnuevo.

Por último, Wesley insistía que los Apóstoles bautizaban a los infantes y así nos han dejado ejemplo, aunque él admite que no hay una mención explícita del bautismo de los niños en las Escrituras. Sin embargo, en varias ocasiones, se menciona que "toda la casa" fue incluida en el acto del bautismo. Para terminar su argumento a favor del bautismo de los niños, Wesley citó la práctica de la historia temprana de la Iglesia, durante los primeros mil diecisiete anos. Al final, Juan Wesley respondió a unos argumentos hechos en contra el bautismo de los niños:

1) Algunos objetaban que se requiere instrucción como preparación antes de ser bautizado, según Mt. 28:19 y los infantes son incapaces del aprendizaje. Para responder a la objeción, Wesley insistió que la traducción correcta del pasaje debe ser 'Id y haced discípulos de todas las naciones, por medio del bautismo" en el nombre del Padre y del Hijo y del Espíri-

tu Santo, enseñándolos a guardar todo lo que os he-mandado;"

2) Otros insistieron que el arrepentimiento y la fe tienen que preceder al bautismo. Wesley contestó que la fe y el arrepentimiento se requerían también para la circuncisión en las personas adultas. Sin embargo, Dios mismo ordenó la circuncisión de los niños a los ocho días de edad.

3) En cuanto a la objeción de que no hay mandato explícito para el bautismo de los infantes, Wesley contestó que tampoco hay para el bautismo de las mujeres, sin embargo, tanto las mujeres como los niños se encuentran en 'todas las naciones'. Wesley terminó la discusión diciendo, "es correcto, y nuestro deber vinculante, en conformidad con la práctica ininterrumpida de toda la Iglesia de Cristo desde las épocas más tempranas, consagrar a nuestros hijos a Dios por medio del bautismo, como la Iglesia Judía fue ordenada hacer por medio de lacircuncisión."

Tenemos que entender la importancia teológica del bautismo para Wesley en cuanto a la función dentro de su "orden de la salvación". Toda la salvación es obra del Espíritu de Dios y la oferta de gracia siempre es previa a la respuesta de fe, sea la persona que responda un creyente adulto o los padres creyentes a favor del niño. El sacramento tiene que ser visto dentro de este marco y solo se encuentra su significado, no únicamente en la muerte de Cristo, sino en todo el plan de la historia redentora. Los sacramentos son más que señales o símbolos. Son, a la vez, verdaderos y medios eficaces de gracia. Cualquier medio o instrumento que se emplee, es Dios quien obra de una manera inmediata y directa en forma misteriosa e invisible.

Entonces, el bautismo funciona en tres maneras: 1) como una señal eficaz; 2) como un medio de gracia efectivo, 3) y como promesa efectiva de la gloria venidera. Está claro que Wesley creía que Dios actuaba por medio del sacramento. Sin embargo, insistía a la vez que el medio, en este caso el bautismo, no tenía un poder automático. El bautismo como medio busca solo a Dios y no se ve como un fin en sí. No es una objeción válida decir "que no podamos comprender cómo esta obra es efectuada en los párvulos, porque tampoco podemos comprender cómo es realizada en una persona en edad madura."[1]

La gracia dada a los hombres en el bautismo puede ser perdida cuando las personas bautizadas resisten al Espíritu Santo continuamente y practican el pecado deliberadamente. Tales personas no pueden confiar más en pacto sellado en su bautismo. Hay que nacer de nuevo.[2] En el sermón titulado "Las señales del nuevo nacimiento", Wesley recalca el punto de la necesidad de una experiencia consciente de regeneración y declara que el nuevo nacimiento no siempre acompaña al bautismo, e hizo excepción en el caso de los infantes.[3]

Wesley tomaba muy en serio la realidad del pecado original en toda persona como hijo de Adán. Es por esta razón que los infantes necesitan el bautismo para el lavamiento de la culpa del pecado original. A la vez, Wesley rechazaba que algún niño que haya muerto entonces moriría eternamente solamente por razón del pecado de nuestro primer padre.

Aunque no encontramos una mención específica de la relación entre la gracia preveniente y el bautismo, Wesley reconoce que la gracia preveniente está presente en todas las personas, "a menos que haya aniquilado el Espíritu."[4]

Aunque el bautismo no sea el medio de la primera gracia, puede ser visto como el punto inicial de la fe. Esta precondición de la fe es aquel de los padres creyentes y la fe corporal de la comunidad Cristiana, como Wesley señala en el "Tratado sobre el bautismo." Visto de esta manera, el bautismo infantil es una respuesta a la gracia de Dios y funciona como un reconocimiento de, y un testimonio a o una proclamación de la gracia anterior de Dios.

La fe personal es requisito para una persona que tiene la capacidad de la misma, tanto antes como después de recibir el bautismo. En el caso, tanto de los infantes como de los adultos, hay gran significado en el haber sido injertado en la Iglesia. Hay la enseñanza, el ejemplo positivo de los creyentes y la oración que se unen en respuesta a la gracia de Dios en el ambiente en que se desarrolla el niño. ¡Qué precioso tal contexto donde padres creyentes y una congregación amorosa se unen desde la temprana edad a enseñar y dar ejemplo de la gracia de Dios que obra en nosotros, llamándonos a una vida constante de fe y obediencia!

Es cierto que cuando el niño, bautizado en su infancia, llegue a estar consciente de pecado personal, tiene que ejercer su propia fe y obediencia. Uno puede anular la eficacia de su bautismo. No importa si uno nació de nuevo en el momento del bautismo o antes, si ahora está manifiestamente un hijo del diablo, tiene que experimentar un cambio total de corazón.

Wesley sostenía que solamente se puede descansar en el testimonio del Espíritu Santo para la seguridad de la salvación, y no en el bautismo. En eso difería de Lutero quien había afirmado que la evidencia de su justificación descansaba en el testimonio de Espíritu y el bautismo.

Es cierto que Wesley escribió relativamente poco sobre el tema del bautismo. Encontramos una mención algo casual en su predicación, sus cartas y sus diarios. No por eso, podemos considerar que la doctrina le era poco importante. Estaba enérgicamente en contra del menosprecio que hacían los cuáqueros en cuanto a los sacramentos y escribió fuertemente en contra de la omisión.

Wesley tenia un alto aprecio por la Iglesia como el Cuerpo de Cristo, y el bautismo es, en primer lugar, el medio de incorporación a la Iglesia. Cuando se entiende el bautismo de esta manera, llega a ser visto como el acto corporal de la Iglesia para proclamar la realidad objetiva del evangelio de redención al poner al bautizado dentro del contexto en donde el Espíritu está trabajando continuamente. Juan Wesley pudo mantener en tensión una devoción a los sacramentos, específicamente el bautismo, y su fervor evangélico.

Dentro del contexto de la Iglesia del Nazareno, se observa que declaramos en el *Manual* denominacional, el cual describe nuestra doctrina y regla, que el bautismo tanto de los niños como de adultos creyentes está provisto. Sin embargo, en la experiencia propia de más de cincuenta años de membresía y ministerio, pocas veces se ha visto el bautismo de infantes o de niños muypequeños.

Los Artículos de Fe de la Iglesia del Nazareno sobre el bautismo describen el bautismo de niños como "un símbolo del nuevo pacto", no como una señal o sello como lo definió Wesley.[5] Mas en el ritual del bautismo, se lee "Aun cuando no sostenemos que el bautismo imparte la gracia regeneradora de Dios, creemos que Cristo dio este sacramento santo como una señal y sello del nuevo pacto. El bautismo cristiano significa para este(a) niño(a) la aceptación de gracia de parte de Dios sobre la base de nuevo pacto. El bautismo cristiano significa para este(a) niño(a) la aceptación de gracia de parte de Dios sobre la base de su gracia preveniente en Cristo, y señala hacia la apropiación personal que el niño (la niña) hará de los beneficios de la expiación cuando llegue a la edad de responsabilidad moral y ejercite una consciente fe salvadora en Cristo."[6]

Parece que hay una diferencia entre el Articulo de Fe y el ritual prescrito en cuanto al significado del bautismo cuando se aplica a los infantes. El Articulo de Fe lo define como "un símbolo" únicamente, mientras el ritual lo acepta como sacramento y una señal y sello del nuevo pacto. Para los creyentes, el bautismo "significa la aceptación de los beneficios de la expiación de Jesucristo que debe administrarse a los creyentes y que declara su fe en Jesucristo como su Salvador y su pleno propósito de obediencia en santidad y justicia."[7]

Finalmente, observamos que tanto según el record del Nuevo Testamento, como en la práctica de Wesley, el bautismo seguía muy pronto después de haber aceptado el mensaje del evangelio, como para completar la conversión; en el caso del Día de Pentecostés, fue el mismo día. En la práctica, nos parece que a veces se pierde de vista la relación entre la proclamación de la gracia y la respuesta por el bautismo porque se espera mucho tiempo antes de ofrecer o enseñar sobre la necesidad del bautismo. En el caso propio, pasaron siete años entre la conversión y el bautismo, mayormente por falta de enseñanza y oportunidad. Podemos encontrar mucho beneficio en un énfasis nuevo en una teología wesleyana del bautismo, en contraste con la enseñanza y práctica de las iglesias no wesleyanas en nuestro alrededor. Al mismo tiempo, necesitamos renovar nuestro entendimiento del bautismo que señala, a la vez, la iniciativa de Dios en la gracia preveniente y la obra continua del Espíritu Santo y la respuesta humana a la iniciativa de Dios por medio del ejercicio de fe, sea del nuevo creyente o de los padres a favor de su hijo(a).

NOTAS

[1] Juan Wesley, "El Nuevo Nacimiento." Las Obras de Juan Wesley, Tomo III,
p. 119. Wesley Heritage Foundation, 1996.

[2] Ibid. pp.120-121. (También incluido en el presente volumen).

[3] Sermón 18, Sermones de Juan Wesley, 2a edición, Tomo I, pp. 235-246.

[4] Sermón 85, "Trabajando por nuestra propia salvación," *Sermones de Juan Wesley*, 2a edición, Tomo II, p. 334.

[5] *Manual 2001*-2005; Church of the Nazarene, 2014; "Artículos de Fe," XII, ¶16, p. 32.

[6] Ibid. "Ritual: El Bautismo de Bebés o Infantes," ¶800.2, p. 250.

[7] Ibid. "Artículo de Fe," XII, ¶16, p. 32.

EL REBAUTISMO
EN PERSPECTIVA WESLEYANA
Will Faircloth

Uno de mis cursos favoritos para enseñar, ya sea en el seminario donde trabajo o en un taller para laicos, es el de "liturgia y culto." Un culto vibrante y lleno del Espíritu Santo es algo que nuestras iglesias latinoamericanas hacen tan bien, y me encanta tener la oportunidad de dar unas herramientas y un vocabulario para que los estudiantes consideren sus prácticas litúrgicas en una manera nueva. A lo largo de los años, he notado que uno de los elementos más sorprendentes para muchos estudiantes es el énfasis en la teología sacramental, es decir, en el sentido protestante, el bautismo y la Santa Cena. Muchos confiesan no haber pensado profundamente en el significado de estos dos actos tan centrales en la vida de la iglesia, aunque los practican muy a menudo. Descubrir el testimonio rico de la Biblia y de la iglesia temprana sobre los sacramentos les puede parecer a muchos como un mundonuevo.

En esto, comparten la posición de muchas iglesias en cuanto a los sacramentos. Es decir, muchas de nuestras iglesias se encuentran sobre un espectro entre las formas "viejas" que se asocian con la iglesia católica romana y la época de los misioneros protestantes, y las formas "nuevas" de muchas iglesias neopentecostales e independientes. Las iglesias denominacionales mantienen una práctica tradicional de los sacramentos, pero a veces como mero hábito, sin mucho pensamiento o reflexión; mientras tanto, muchas iglesias independientes han desarrollado prácticas como el hablar en lenguas o las profecías que juegan un papel más importante y lleno de significado cultico que los sacramentos tradicionales, empujando estos hacia un rincón. A la vez, muchos protestantes (con justificación o sin ella) se cuidan de no parecer demasiado "católicos," hasta el extremo de no darle mucha profundidad a los sacramentos.

Esta actitud confusa e incompleta hacia los sacramentos tiene muchos efectos sobre nuestra reflexión y práctica del bautismo. Nada ejemplifica esto mejor que la historia de un antiguo estudiante mío, quien una vez compartió con la clase que había sido bautizado tres veces en su vida. Primero, como párvulo, según la práctica católica romana, y luego otra vez cuando "se convirtió" al protestantismo. Hasta aquí, estamos ante el patrón típico de un evangélico latinoamericano de cierta edad. Pero ahora su caso se pone más extraño. Porque, cuando luego cambió de iglesia, en la nueva le insistían que solo ellos ofrecían el "verdadero" bautismo, y que lo que otra iglesia le hizo era inválido. Así que, el pobre se sometió a un bautismo más, probablemente pensando al final "¡Qué cansado! ¡Más me vale quedarme en esta iglesia el resto de mi vida!"

¿Cómo llegamos hasta aquí? ¿Cómo llegamos al punto donde tomamos por sentado que un bautismo católico romano es inválido? ¿Cuándo dejamos de tomar en serio la validez del bautismo de párvulos? ¿Cómo llegan ciertas iglesias a decidir que tienen un "monopolio sacramental," y que solo ellas practican un bautismo válido? ¿Cómo llegamos a bautizar tres veces a un hijo de Dios? Como sea que todo esto haya sucedido, el resultado es que hemos condenado a muchos cristianos verdaderos a una situación de incertidumbre en cuanto a su propia salvación. Hemos sembrado semillas de duda sobre su bautismo, y les hemos obligado a rebautizarse sin mucha consideración de su pasado o su presente en Cristo.

Como wesleyanos, esta situación va directamente en contra de nuestro concepto de las escrituras y la tradición. Venimos de una rica tradición teológica del bautismo, y el presente volumen de tratados y ensayos da fe de eso. Juan Wesley tomaba muy en serio el testimonio bíblico y el pensamiento patrístico sobre el bautismo, a escasos doscientos años de una época cuando los debates sobre este punto llevaron algunos protestantes a matar a otros, como en el caso de los anabautistas en Alemania y otros lugares.

Otros ensayos en este libro se tratan de diferentes aspectos del significado del bautismo para las iglesias latinas/hispanas hoy, en particular las de la tradición wesleyana. Mi meta en estas páginas es simplemente enfrentar un asunto clave de nuestra práctica como iglesia, uno que aparece en casi todas las iglesias que conozco: si las personas bautizadas deben ser rebautizadas; con qué razones posibles o bajo cuáles circunstancias; y qué podría ser una alternativa al rebautismo. Para hacer esto, nos basaremos en nuestra tradición wesleyana y, espero y creo, encontrar una brújula para guiar nuestras iglesias.

Aunque tal vez nos sorprenda saberlo, Juan Wesley practicaba el rebautismo, por lo menos durante sus primeros años como ministro y misionero. Saliendo de la Universidad de Oxford, y ordenado ministro sin una parroquia asignada, Juan buscaba una forma de expresar pastoralmente el gran celo que sentía por lo que él consideraba las antiguas y correctas prácticas de la iglesia apostólica. Cuando él y su hermano Carlos firmaron en 1735 para ser ministros en las colonias británicas en Norteamérica, se prepararon con gran expectativa para traer la sana doctrina y práctica a los colonos, incluso de los sacramentos. Con respecto al bautismo, durante sus estudios Wesley se había convencido de la idea de Cipriano (siglo III dC) de que un bautismo practicado por un ministro que no era ordenado en la línea de sucesión apostólica, carecía de validez.[1] En el caso de Wesley como ministro de la Iglesia de Inglaterra (Iglesia Anglicana), eso quería decir que solo eran válidos los bautismos hechos por ministros de la misma, dejando fuera los practicados por ministros luteranos, presbiterianos, cuáqueros, etc. Esta no era la posición de la mayoría del clero anglicano, de hecho, y con su actitud hacia el bautismo Wesley se ubicó entre los de la "alta iglesia," los más celosos en cuanto a la pureza de doctrina ypráctica.[2]

Con este afán de introducir lo que consideraba la verdadera práctica apostólica, Wesley estaba dispuesto a rebautizar a personas que no habían recibido el bautismo dentro de la Iglesia de Inglaterra, y justo eso hizo en el barco que llevaba a él y otros a la colonia de Georgia en Norteamérica. A bordo del *Simmonds*, Wesley convenció a un colono alemán, bautizado en la iglesia luterana, de que ese bautismo era inválido, y el hombre le pidió a Wesley que le bautizara de nuevo. Hay evidencias de que Wesley quiso hacer lo mismo con otro alemán a bordo, pero este al final se negó.[3] Una vez en Georgia, Wesley seguía dando validez solo al bautismo de la Iglesia de Inglaterra. A un colono le negó la Santa Cena porque había sido bautizado por un ministro presbiteriano, lo cual le ponía fuera de la "comunidad de fe" correcta. Mas en otro caso sí logró convencer a un padre y su hijo de que el bautismo que tenían no era válido y los rebautizó.[4]

Estos actos, más otras manifestaciones de su celo por una aplicación muy rígida de las prácticas de la iglesia, causaron mucho malestar entre los colonos y hasta los gobernantes locales. De hecho, los casos de rebautismo fueron puestos como evidencia en la citación jurídica que se presentó en contra de Wesley por mala práctica ministerial. Sin embargo, años después parece que Wesley cambió de actitud, arrepentido de su práctica anterior. Cito aquí unas líneas de su sermón de 1777, "On Laying the Foundation of the New Chapel" ("Al poner los cimientos de la Capilla Nueva"), donde Wesley menciona su tiempo en Georgia:

...tanto mi hermano como yo, estábamos intensamente vinculados a la iglesia como siempre, y a cada regla de ella: hasta tal punto que yo nunca dejaba entrar a un no conformista[5] a la Cena del Señor salvo que fuera rebautizado. No, aún cuando el ministro luterano de los Saltzburger en Ebenezer, estando en Savannah, deseaba recibirla, le dije que no me atrevía a dársela, porque lo consideraba como no bautizado,

ya que yo consideraba el bautismo laico[6] como inválido; y así consideraba a todos los que no fueron ordenados de manera episcopal. Lleno de estos sentimien-
tos, de este celo por la Iglesia (del cual alabo a Dios
que él me ha liberado), volví a Inglaterra a principios
de febrero de 1738.[7]

Dado que Wesley en cierto momento practicaba el
rebautismo, ¿podemos concluir entonces que es una
práctica válida para las iglesias de tradición wesleyana
hoy? Si vemos bien el caso de los primeros años de
ministerio de Wesley, encontramos una gran diferencia con la práctica de muchos hoy en día. La base de
casi toda instancia de rebautismo en las iglesias contemporáneas es la idea de la invalidez del bautismo de
párvulos, alegando que estos no tienen una fe consciente expresada. A cambio, lo que llevaba a Wesley a
practicar el rebautismo eran sus dudas sobre la autoridad sacramental de los ministros no anglicanos. Es
decir, hoy el problema es más la validez de quién *recibe*
el bautismo, mientras para Wesley era la validez de
quién *administraba* el bautismo. Como vemos en su
"Tratado sobre el bautismo," el bautismo de párvulos
y niños pequeños era para Wesley un hecho incontro-
vertiblemente correcto y apostólico. Pero para algunas
iglesias nuestras hoy, en la sombra de un pos- o hasta
anticatolicismo romano, la idea de bautizar un niño
parece todo menos correcto. Si queremos acercarnos
al bautismo en la tradición wesleyana, estamos obligados a examinar esta gran diferencia y decidir qué haremos al respecto. Mientras tanto, queda claro que en
la mayoría de los casos hoy en día, insistir en el rebau-

tismo porque "también lo hacía Wesley," no tiene fundamento.

Mas en las líneas citadas arriba, hay otro elemento importante que Wesley nos da sobre su perspectiva en cuanto al rebautismo. En la última frase de la citación arriba, escrita cuarenta años después de sus experiencias en Georgia, con una vida entera inmerso en el avivamiento en Gran Bretaña, y con incontables debates, polémicas, y clarificaciones teológicas y prácticas, Wesley se lamenta, casi se ríe, de su celo sacramental anterior. Cuando piensa en cómo hace décadas insistía en el rebautismo, ¡alaba a Dios por haberle liberado de tal presunción, considerándola un disparate infantil! Como señala el Dr. Randy Maddox en el prefacio al presente volumen, en años posteriores, Wesley llegó a considerar muchos puntos de gobierno eclesial como "opiniones," sobre las cuales diferentes cristianos pueden discrepar sin perder la unidad y el amor. En particular, las opiniones que Wesley tenía sobre la forma exacta y las condiciones particulares de practicar el bautismo se aflojaron con el paso de los años, sin perder de vista la centralidad del bautismo como sacramento de la iglesia. Tal actitud refleja una generosidad de espíritu que sería útil y saludable cultivar en muchas iglesias nuestras.

La meta aquí no es convencernos de la validez del bautismo de párvulos. Para eso tenemos el "Tratado" de Wesley y otros ensayos en este volumen. Para muchos de nuestros pastores, convencerse de este punto y (¡quizás lo más difícil!) convencer a los laicos, es un trabajo que requiere honestidad, paciencia, y apertura al Espíritu Santo. Como dijimos antes, nuestro blanco es el tema del rebautismo; por eso, podemos responder a algunas de las diversas razones que se dan para exigirlo (en el caso del clero) o pedirlo (en el caso del laicado) el rebautismo. Porque aparte del asunto de la validez del bautismo de párvulos, hay otros motivos de peso.

Muchas veces, la razón es, "Me bautizaron en la iglesia católica, pero como ella no es una iglesia cristiana, me quiero bautizar de verdad." Como la iglesia católica romana tiene la costumbre de bautizar a párvulos, una persona que llega a ser protestante suele traer dos objeciones a su bautismo anterior: una, que se le hizo siendo niño y no estuvo consciente de lo que hizo; y dos, que aquella iglesia se ha alejado del cristianismo bíblico de tal forma que sus ritos quedan invalidados.[8] Wesley tiene argumentos de sobra para contestar la primera objeción, y ya hemos visto cómo cambió su posición en cuanto a la segunda. Pero esta pregunta, de la validez o no de los sacramentos practicados en otras iglesias, es tan seria y compleja que contestarla con profundidad nos llevaría mucho más allá de nuestro campo presente. Basta decir que cada iglesia o grupo debe formular criterios concretos y sopesados para atender este asunto, y no responder desde la ignorancia, la arrogancia, o la pereza de estereotipos ajenos.

Sin embargo, hay dos casos históricos que nos pueden orientar en este asunto. El primero es de Agustín de Hipona, quien trabajaba en la misma región que Cipriano (a quien Wesley leía siendo ministro joven), pero unos cien años después. En ese tiempo, la cuestión de la validez de los sacramentos se manifestaba en la polémica de los donatistas, un grupo cristiano conocido por su celo sacramental. Los donatistas alegaban que cualquier ministro que una vez haya flaqueado en su fe o testimonio, luego pierde su autoridad sacramental, y por ende cualquier persona que reciba los sacramentos de tal ministro, los recibe en vano. Agustín replicaba, apegándose a la doctrina católica aceptada, que los sacramentos tienen validez en sí, no por quien los administre, sino por el Dios que los ordenó y que está en ellos. Marcando una diferencia entre "válido" y"efectivo", Agustín decía que una persona puede recibir el sacramento del bautismo de manera válida aún fuera de la verdadera comunidad de fe, con solo agua y la invocación de la Santa Trinidad, pero que este no se le considera efectivo hasta que la persona entre en la iglesia verdadera; una vez que entre, el bautismo cobra efectividad. Una perspectiva así podría ser útil para respetar los problemas que algunas personas tienen con la iglesia católica romana hoy, sin invalidar el sacramento que en ella se haya impartido.

El otro caso de rebautismo por cuestión de validez ministerial, está mucho más cerca a nosotros en tiempo y denominación. En los años 1990s, algunos distritos de la Iglesia Metodista Unida (IMU) en el área de las Montañas Rocosas del oeste de los Estados Unidos, sobre todo en Utah y Colorado, comenzaron a recibir personas que habían salido de la Iglesia de Jesucristo de los Santos de los Últimos Días (la iglesia mormona), que predomina en esa región. La pregunta era: ¿se reciben con el bautismo que tienen, o se les bautiza de nuevo? Después de unos años de estudiar el caso, un grupo de pastores y teólogos de la IMU formuló una declaración, más tarde aprobada por la Junta General de Discipulado, que dice así:

Debido a que la Iglesia de Jesucristo de los Santos de los Últimos Días se presenta como una tradición de fe fuera de los parámetros del cristianismo histórico y apostólico, por lo tanto seguimos recomendado que las iglesias metodistas unidas deben recibir a personas de la Iglesia de Jesucristo de los Santos de los Últimos Días ofreciéndoles el sacramento de bautismo cristiano, luego de un periodo de catequesis (un tiempo de exploración e instrucción intensiva de la fe cristiana).[9]

En este caso, la Iglesia Metodista Unida llegó a considerar la fe de los mormones como demasiado diferente a la fe bíblica y ortodoxa de la iglesia universal, y por lo tanto sus ministros y sacramentos carentes de validez y eficacia.

Estos dos casos, de Agustín y de la resolución sobre la iglesia mormona, nos dan pautas para analizar y sopesar las circunstancias en que podría ser necesario o no rebautizar a una persona. Como dijimos antes, el análisis en sí depende mucho de las circunstancias particulares, pero una actitud wesleyana de este punto nos obliga a tener siempre un balance entre ortodoxia y generosidad. Tener limites es saludable y necesario, pero los limites no deben trazarse a escasos centímetros de nuestra posición actual.

Otras veces la razón que se da para pedir el rebautismo es cuando alguien dice, "He estado muy alejado de Dios pero ahora estoy de vuelta en el camino. Quiero rebautizarme como símbolo de mi nuevo compromiso." Esta actitud es muy comprensible, por que somos criaturas físicas y necesitamos actos concretos para representar verdades invisibles. Una pareja puede legalmente casarse haciendo un juramento en el tribunal civil, y la cosa está hecha. Es decir, toda la pompa de una boda en la iglesia no sirve para *legitimizar* en sí el matrimonio, sino para *representar y anunciar* un cambio invisible pero tangible y vinculante en el estado de dos personas de ahora en adelante. Igual situación se da en el caso de cristianos que por cualquier razón se apartan del camino del Señor por un tiempo, no por flaquezas cotidianas, sino por un comportamiento deliberado, y se despiertan como el hijo pródigo, sedientos de volver al manantial de agua eterna. Quieren algún acto concreto, tangible, y público que represente su decisión de volver al Señor. Se podría argumentar que una de las pérdidas causadas por la reforma protestante es la falta del sacramento de confesión; no la práctica en sí como se hacía (y aún se hace) en la iglesia católica romana, sino una dinámica de confesión (semi)pública, una declaración concreta del perdón de Dios, y una sensaciónde liberarse de un peso de manera definitiva. Es posible que muchos cristianos hoy se revuelcan en una situación de incertidumbre espiritual por la falta de una dinámica clara de confesión y reincorporación. Por lo tanto, algunos llegan a pedir el rebautismo para satisfacer esa necesidad psico-espiritual.

¿Qué les decimos, pues? Juan Wesley nos marca el camino en los dos textos presentados en este volumen, cuando enfatiza las ideas bíblicas de adopción y nuevo nacimiento, siendo al bautismo el sello de esa nueva realidad. Podemos explicar a nuestros feligreses que los altibajos espirituales son parte de la vida cristiana, pero no nos ponen fuera del ámbito de la gracia de Dios. Un sello celestial no se quita tan fácilmente. El que una vaca se brinque la cerca y coma pasto ajeno, no quita la marca que el ganadero herró a su piel. Un costarricense o peruano que vive muchos años en otro país, no por eso pierde su ciudadanía original. Con esto no me refiero a la cuestión de si se puede perder o no la salvación, sino a la gran diferencia entre deliberadamente apartarse del ámbito de fe, y simplemente enfriarse o alejarse de Dios por un tiempo. Lo que hace falta en muchos casos es un sentido más fuerte de cómo el bautismo cambia mi identidad al nivel más profundo de mi ser, y aunque yo no busque a Dios por un tiempo, no por eso dejo de ser su hijo. La gracia de Dios no es como el viento, que hoy sopla y mañana no; sino es como un fuego cuyas llamas hoy llegan alto y quizás mañana menos, pero no por eso se apaga el fuego. Un acompañamiento pastoral tal, con comprensión e instrucción, puede tranquilizar a muchos cristianos y darles la convicción concreta que satisface su deseo de *saber* que aún están en el Señor.

Lo que hemos intentado hasta ahora es ver las razones que se citan a veces para pedir el rebautismo, ver los diferentes factores teológicos y psicológicos pertinentes, y llegar a la conclusión de que en la gran mayoría de los casos, el rebautismo no es la medicina espiritual apropiada para la persona. Entonces, ¿qué puede ofrecer la iglesia? Aquí hay campo para la creatividad litúrgica que existe en muchas iglesias, donde el corazón y la mente se abren para buscar formas que satisfagan las necesidades de sus miembros. Mas me limito a mencionar dos prácticas que han servido en muchas iglesias a lo largo de los años. Las dos, cuando se dan con una preparación pastoral de la persona y con un espíritu generoso hacia su condición espiritual, tienen el poder de afirmar la validez del bautismo ya administrado, y también reconocer su compromiso actual de seguir las pisadas de Cristo.

La primera, que es una práctica clave de la Iglesia Metodista Unida en los Estados Unidos y en otras iglesias también, es el curso y subsiguiente culto de *confirmación*. En casos donde se practica el bautismo de párvulos, la iglesia entera, pero sobre todo los padres y el cuerpo pastoral, se comprometen a criar al niño/a en el evangelio, dándole instrucción y ejemplos personales de una fe viva, siempre con lo apropiado para cada edad. Luego, los adultos pueden discernir el momento cuando el niño/a llega a expresar su fe con raciocinio y sus propias palabras. Esta última etapa suele incluir un curso corto sobre las doctrinas centrales de la fe, como un complemento a la instrucción diaria que se ha venido dando. Luego, toda la iglesia se reúne para escuchar la declaración de fe del niño/a o joven, y recibirla como confirmación concreta del proceso que comenzó en el día de su bautismo. Es una ceremonia que permite al joven declarar a Jesús como salvador y asumir su protagonismo en crecer espiritualmente, pero a la vez reconoce y honra la gracia que le fue depositada en el bautismo.

La opción de la confirmación implica, sin embargo, que ya hubo un acompañamiento pastoral y parental a lo largo de la niñez del párvulo bautizado. Pero ¿qué pasa en el caso de una persona que, siendo bautizado de niño y luego alejado de la fe, quiere retomar como suyo el camino del Señor? ¿Qué se le ofrece como símbolo concreto de esta nueva etapa? Aquí se puede hacer uso de otra práctica común en varias iglesias: el culto de *renovación* del bautismo. Este culto es muy parecido a lo que comúnmente se llama "culto de renovación de votos matrimoniales," donde una pareja, luego de muchos años de matrimonio, quiere celebrar su amor y fidelidad y además volverse a comprometer para el futuro, por medio de una declaración pública normalmente hecha en la iglesia. Ellos no se están casando de nuevo, ni tampoco están arrojando dudas sobre la validez de la boda inicial. Como toda persona casada puede dar fe, en el momento de casarse, normalmente no sabe ni puede saber todo lo que significa vivir en matrimonio. Mas una pareja que lleva años juntos puede ver hacia atrás y apreciar el camino recorrido. Lo mismo sucede en un culto de renovación de bautismo. La persona puede reconocer que su bautismo inicial fue válido, aunque en el momento quizás no podía entender todo lo que caminar con Cristo significa, pero ahora quiere comprometerse de nuevo con el Señor, frente a una iglesia que le ama y le apoya.

La gran ventaja de estos dos actos es que permite a la persona declarar por sí mismo que Cristo es su Señor y que le quiere servir, en un contexto público donde otros le afirman y apoyan. Eso, sin invalidar el bautismo inicial que se administró, donde Dios sí estuvo presente, donde un pacto sí comenzó, y donde una gracia sí fue depositada para luego aflorarse a lo largo de los años. Cuando se explica así, muchas personas que vienen a pedir el rebautismo, terminan satisfechas espiritual y teológicamente, mientras la iglesia mantiene su orden sacramental y la verdad bíblica de Efesios 4:5: "un Señor, una fe, un bautismo."

Cuando se habla del bautismo en el contexto latinoamericano, uno de los puntos más espinosos es el rebautismo. En muchas iglesias, hasta las de denominaciones tradicionales, quizás se haya enfocado tanto en la práctica del "bautismo de creyente" que no pueden citar ni una razón a favor del bautismo de párvulos. Esta actitud las lleva a insistir automáticamente en el rebautismo de personas que vienen a su iglesia por primera vez. Aunque los de la tradición wesleyana podemos ver que Juan Wesley practicaba el rebautismo en cierto momento, la lección que más recibimos de él es de la validez del bautismo inicial en la gran mayoría de los casos. Siempre cuando la iglesia donde se administró se encuentre en la gran familia de la iglesia universal y apostólica, la gracia depositada en la persona bautizada permanece allí, con más o menos grado de desarrollo y floración. Como iglesia hoy, nuestro reto es entender esta lección para poder darle respuesta a la persona que pide el rebautismo, tratándole con amor y claridad, y dándole una oportunidad de tomar por sí esa gracia y ese compromiso.

NOTAS

[1] Geordan Hammond, *John Wesley in America: Restoring Primitive Christianity*; Oxford: OUP, 2014; p.70.

[2] Ibid, p.71-72.

[3] Ibid., p.72.

[4] Ibid., p.115.

[5] Es decir, alguien que pertenecía a uno de los grupos religiosos ingleses ajenos a la Iglesia de Inglaterra oficial. Eran tolerados legalmente pero bajo una sospecha constante.

[6] "El bautismo laico" quería decir el bautismo por ministros no anglicanos.

[7] "On Laying the Foundation of the New Chapel," *The Works of John Wesley*; Nashville: Abingdon Press; III:583.

[8] Reconozco que esta actitud de sospecha hacia la iglesia católica romana puede variar en intensidad dependiendo del país, el contexto histórico, y otros factores. Lo que presento aquí es solo una versión sencilla de lo que se dice con frecuencia cuando se trata del rebautismo.

[9] "Receive Guidelines for Ministering to Mormons Who Seek to Become United Methodists" ("Pautas de recepción para ministrar a mormones que buscan ser metodistas unidos"); Book of Resolutions of the United Methodist Church, 2016;disponible en version digital en www.umc.org.

EL BAUTISMO:
SACRAMENTO DE INICIACIÓN
Rev. Dr. Irving Cotto

Uno de los momentos más significativos como pastor de la iglesia local siempre ha sido el bautismo cristiano. El ver a familias tan llenas de alegría al saber que su bebé va a ser recibido por la congregación en presencia de parientes, vecinos y amigos me estremece al pensar que de frente al altar se encuentra alguien que pasa a ser miembro integrante de la iglesia del Señor.

Confieso que al inicio de mi trabajo pastoral fui bastante flexible en cuanto a la administración del bautismo buscando ganarme a la familia y añadirlos a la lista de feligreses.

No obstante, con el correr de los años, aunque he continuado ofreciendo un mensaje de gracia y hospitalidad durante las clases de preparación para el bautismo, he sabido enfatizar la responsabilidad y el compromiso que se espera de quien recibe el sacramento como adulto, al igual de quien presenta a sus infantes o párvulos para este momento tan crucial y determinante.

Cuando examinamos particularmente las palabras de Juan Wesley, y en general materiales escritos por líderes metodistas/wesleyanos, descubrimos que no tomamos este sacramento livianamente sino que esperamos una profunda convicción y un fervor espiritual que se traduzcan en participación en la vida y misión de la iglesia del Señor (Mateo 28:19-20; Marcos 16:15-16). El bautismo propone el comienzo de una nueva vida (Romanos 6:4,5).

BAUTISMO COMO INICIACIÓN

Como sacramento de iniciación el bautismo cristiano marca el momento en que una persona adulta que ha optado por seguir a Jesús o un infante que apoyado por adultos cristianos comprometidos pasa a ser miembro del cuerpo de Cristo.

La escritura habla de que el bautismo es una aspiración de una buena conciencia hacia Dios mediante la resurrección de Jesucristo (1 Pedro 3:8-18). El pueblo metodista al igual que otras comunidades cristianas entiende que la administración del sacramento del bautismo no es mágica, ni es garantía de que una persona entra al reino de los cielos por el ritual mismo. Más bien afirmamos que el bautismo aparte de ser un medio de gracia por el cual Dios edifica a su pueblo nos llama a la madurez espiritual y a imitar a Jesús en todas las áreas de nuestras vidas como personas individuales y como parte de una comunidad de fe.

En cuanto a la palabra bautismo podemos agotar mucho tiempo debatiendo si esta se refiere a una inmersión completa en las aguas, o si se refiere al uso de agua sin importar la cantidad. La palabra "baptizo" se refiere a lavar, o sumergir, cubrir, sepultar o teñir, como quien tiñe o sumerge un pedazo de tela en tinta. En la tradición metodista/wesleyana el énfasis recae más bien sobre el significado del acto y la acción de Dios en el mismo. De modo de que de ahí se desprende el bautismo de adultos e infantes pudiera ser por inmersión, aspersión (rociamiento) o afusión.

El agua es el elemento simbólico. Sin embargo, la gracia de Dios se imparte mediante el símbolo como vehículo sacramental que santifica y perfecciona a la comunidad cristiana (Tito 3:5; 1 Pedro 1:23; Efesios 5:25-26; Hebreos 10:22). Por otra parte, la referencia a familias enteras siendo bautizadas en el Nuevo Testamento sugiere que desde muy temprano en la iglesia cristiana del primer siglo los niños fueron bautizados y seguramente con cierta cantidad de agua, sin plena seguridad de que toda persona fuera bautizada completamente en las aguas.

BENEFICIOS DEL BAUTISMO

Los beneficios del bautismo son varios, y todos necesarios. En primer lugar, el bautismo es ese momento cuando la obra salvífica de Cristo es aplicada al creyente: muerte y resurrección. Morimos a la vida antigua de rebeldía y desobediencia a Dios, y resucitamos a una vida nueva de perdón, arrepentimiento, y sumisión a la voluntad de Dios (Romanos 6; 1 Corintios 5:17) Somos revestidos de Cristo mismo (Gálatas 3:27). En segundo lugar, el Espíritu Santo obra limpieza, cambios, y un nuevo nacimiento que hacen posible que empecemos a vivir de una manera distinta en consonancia con los propósitos de Dios.

En tercer lugar, somos adheridos al cuerpo de Cristo. Somos hechos partes de la iglesia, más allá de registros administrativos, por medio del Espíritu Santo somos añadidos a la familia cristiana. Cada vez que se celebra un bautismo la iglesia tiene la oportunidad de reafirmar sus votos al mismo tiempo que le da la bienvenida a los catecúmenos que ahora se convierten oficialmente en miembros comulgantes y activos. Junto a la membresía en el cuerpo de Cristo, las personas bautizadas reciben la comisión de continuar la misión de Jesús.

Junto a los beneficios y privilegios de ser incorporados formal y espiritualmente a la iglesia, recibimos el encargo de comunicar el evangelio en palabra y acción. Cuando hablamos de sacramento, palabra que significa "misterio" en latín, hablamos de lo que ocurre en nuestro interior mediante el poder de la gracia divina. También nos referimos al hecho de que el agua nos ayuda a visualizar la obra regeneradora y purificadora del Espíritu Santo. ¿Cómo aplica al infante si no está consciente de esto al menos hasta donde podemos comprender? La mano de Dios está sobre la criatura, sobre la iglesia, sobre quien oficia el sacramento, y esto no es imposible para Dios.

Nos bendice, nos afirma, nos comisiona, nos prepara para servirle por el resto de nuestra vida. Y en su gracia preveniente vemos que Dios trabaja en los corazones humanos aun antes de que estos lo reconozcan o lo entiendan.

Es en virtud del bautismo que nos constituimos en coherederos con Cristo. Somos salvos por el bautismo en términos de que este apunta hacia la total dependencia en su gracia inmerecida, y nos impulsa a seguir sus pisadas. Es decir, el bautismo nos inicia en la iglesia, y nos inicia por el camino del discipulado.

En ese sentido somos salvos, es decir distanciados, separados y liberados de nuestra antigua manera de vivir. El bautismo como lo ordena Jesús en Mateo 28, se lleva a cabo usando una formula trinitaria. Teológicamente esto tiene grandes implicaciones. Nuestro Dios en su carácter y naturaleza es "Dios familia," es "Dios relacional," lo que hace que el bautismo imponga una vida de fe comunitaria. Somos parte de un pueblo. Adicionalmente, el bautismo en el mismo evangelio de Mateo está conectado al aprendizaje. Es decir, mucho más que un cumplimiento con la tradición religiosa o cultural, el bautismo es un asunto misional. Quienes se bautizan reciben la tarea de participar activamente en la misión del reino de Dios. Por último, el bautismo involucra la promesa de que Dios no nos deja a la deriva. Jesús prometió estar con su iglesia hasta el fin de los tiempos. Bautismo implica una constante jornada con el Señor. Dios es Dios de acompañamiento.

Los párvulos o niños eran considerados prosélitos, es decir candidatos para el evangelio. En el caso de los niños, en los evangelios vemos a Jesús recibiéndolos, tomándolos en sus brazos, a pesar de que hubo adultos que se opusieron. El mismo Jesús declara que el reino de los cielos es de los niños (Mateo 19:14). Más aun, en la cultura hebrea la fe es un asunto colectivo; la relación con Dios es una relación de pacto (Éxodo 6:7).

La circuncisión representaba entrada a la comunidad de Israel (Génesis 17:1-14). El bautismo cristiano sigue la misma perspectiva: una relación de pacto, una experiencia comunitaria, una adopción de los niños como hijos e hijas del pacto, prosélitos para que sigan apropiando la fe, y la fe se encarne en ellos conforme pasa el tiempo, y conforme el pueblo de Dios se ocupa de instruirles en los caminos de Dios. Para Pablo la circuncisión del corazón es aún más importante que la acontecida bajo la ley (Romanos 2:29; 3:28-31). De hecho la misma circuncisión, señal del pacto en las escrituras hebreas, requiere mucho más que un simple cumplimiento legalista; requiere una disposición del corazón (Deuteronomio 10:16-22).

RAZONES PARA CELEBRAR EL BAUTISMO DE INFANTES

Para las confesiones que acostumbran a bautizar infantes, hay una serie de conceptos teológicos y razones prácticas que justifican dicha celebración. Primeramente, a lo largo de las escrituras hay un énfasis en la fe como una experiencia de la familia y la comunidad adoradora. La niñez era acogida por el resto del pueblo como una seria responsabilidad espiritual (Deuteronomio 6:6-7; Salmos 78:1-8).

En segundo lugar, el concepto de pacto entre Dios y su pueblo marca la historia de Israel, y se transfiere al mensaje cristiano que afirma que Dios en Cristo hizo un nuevo pacto con la humanidad (Jeremías 31:31-34; Mateo 26:27-28; 2 Corintios 3:6; Hebreos 7:22; 8:6-13). Ese pacto requiere una respuesta de fe, y una consecución en términos de fidelidad, entrega y servicio. La familia era guiada por el padre como cabeza del hogar y por ende de toda persona viviendo bajo el mismo techo incluyendo, a los esclavos. Conversiones y bautismos involucrando a toda la familia eran comunes y una práctica temprana en la iglesia apostólica. Sola hay tres referencias en el Nuevo Testamento donde infantes pudieran haber sido bautizados (Hechos 16:11-15; 25-33; 1 Cor. 1:16). No podemos decir con total seguridad que en estos tres casos hubo infantes presentes, pero pudiéramos afirmar que tampoco niega que hubiera párvulos presentes en estos tres momentos.

En tercer lugar, la aproximación de Jesús hacia los niños, que se trae a colación en la dedicación o presentación que algunas comuniones cristianas realizan, nos recuerda que el amor incondicional y abarcador de Dios los incluye como miembros integrales del reino de Dios (Mateo 19:13-15). ¿Si Dios ya los ha recibido dentro del reino, como es que la iglesia no los vas a recibir dentro de su seno? En términos prácticos, de la misma manera que le impartimos el lenguaje, la cultura, la ropa y la comida a nuestra prole, le impartimos la fe, el evangelio, y la bendición del sacramento bautismal (Proverbios 22:6; Efesios 6:4). Cuando tomamos en serio la confirmación como un acto que sigue posteriormente al sacramento, le brindamos la oportunidad al bautizando y a la congregación que le recibe de confesar a Jesucristo como Señor. La confirmación para las comunidades metodistas/wesleyanas sirve como reafirmación del bautismo cristiano. El himnario metodista unida, "Mil Voces para Celebrar" le habla a la clase de confirmandos en estos términos[1]:

Hermanos y hermanas, la vida de fe es una jornada guiada y alimentada por el Espíritu Santo. Hay ocasiones significativas en las que nuestra fe se fortalece, Dios se hace más real, experimentamos un nuevo comienzo en la fe y crecemos en nuestra dedicación a Cristo. Ustedes han venido hoy para dar testimonio de las obras de Dios en sus vidas y reafirmar el pacto hecho en su bautismo.

A lo cual la congregación responde:

Nos regocijamos en la fidelidad de Cristo y en lo que Él ha hecho en sus vidas.

Responsabilidades familiares

Finalmente, la familia cristiana tiene la responsabilidad de formar a los hijos e hijas. Una pastoral de la familia comprende una fuerte intencionalidad de impartir la fe de tal modo que cada miembro de la familia deberá recibir la instrucción y formación necesaria para guiarse en el camino de la fe. Siguiendo el ejemplo de la sagrada familia, el padre y la madre en la familia cristiana, junto al pleno de la iglesia, son forjadores de las futuras generaciones (Josué 24:15; Lucas 2:39-40). El salmista nos recuerda que si Dios no edifica la casa, en vano trabajan los edificadores (Salmo 127:1).

Es pues, imprescindible que la iglesia tome en serio su responsabilidad de promover la vida sacramental, tanto la Cena del Señor como el bautismo. El alimento sólido y saludable para la iglesia se encuentra precisamente en su participación en el sacramento. La limpieza, la regeneración, la santificación, y el arrepentimiento preparan a cada discípulo o discípula para servir de instrumento de bendición en una respectiva comunidad.

El bautismo cristiano es a la misma vez, confesión pública de nuestra fidelidad y entrega a Cristo, rito de ingreso a la familia cristiana, obra santificadora de la gracia divina, el inicio de una nueva vida en Cristo, y un llamado a seguir creciendo en la fe y en nuestra participación activa en la misión de la iglesia.

NOTA

[1] (1996) Mil Voces para Celebrar: Himnario Metodista. Nashville, Tennessee: Casa Metodista Unida de Publicaciones, (p. 27).

Apéndice 1
MIL VOCES PARA CELEBRAR: HIMNARIO METODISTA
Pacto bautismal
Un culto del sacramento de bautismo
y los ritos de confirmación, reafirmación
de fe y Recepción de miembros

INTRODUCCIÓN

El Pacto Bautismal es la palabra que Dios tiene para nosotros, que proclama nuestra adopción por medio de la gracia de Dios, y nuestra palabra a Dios en la que prometemos una respuesta en fe y amor. Quienes han entrado en este pacto constituyen la comunidad que llamamos la Iglesia. Por tanto, el sacramento de Bautismo y los ritos del Pacto Bautismal se celebran durante el culto público de la congregación de la cual la persona va a ser miembro, excepto en circunstancias muy especiales. Es mejor colocar el sacramento bautismal y los ritos del Pacto Bautismal en el orden del culto como una respuesta que sigue a la lectura de las escrituras y su exposición en el sermón.

Todas las personas de cualquier edad son candidatos aceptables. Tanto los padres como los padrinos pueden presentar a párvulos, niños pequeños y a otras personas incapaces de hacer los votos por sí mismas. Además, los candidatos que puedan responder por sí mismos podrán tener padrinos o testigos. Tanto los padres como los padrinos deben ser miembros de la santa Iglesia de Cristo.

En casos de urgencia, los actos esenciales en el bautismo son los votos y el bautismo con agua en el nombre del Padre, del Hijo y del Espíritu Santo. Un candidato que sea bautizado fuera del culto de adoración debe, si es posible, ser presentado a la congregación posteriormente. Los que son bautizados antes de tener la edad para hacer los votos por sí mismos, hacen su profesión personal de fe en el rito llamado Confirmación. Aquellas personas que pueden hacer sus propios votos en su bautismo no son confirmadas, ya que han hecho profesión pública de su fe en esa ocasión.

Después de la confirmación o después del Bautismo, cuando los candidatos hacen los votos por sí mismos, quien oficia podrá invitar a los cristianos a reafirmar el Pacto Bautismal. Tal reafirmación no debe entenderse como el sacramento del bautismo. El bautismo no se administra a ninguna persona más de una vez, porque, aunque nuestros votos bautismales sean menos dignos de confianza, la promesa de Dios en el sacramento es permanente.

Nuestro Señor Jesús nos dio una tarea grande en la Gran Comisión donde nos dice, «Id y haced discípulos a todas las naciones, bautizándoles en el nombre del Padre, y del Hijo, y del Espíritu Santo; enseñándoles que guarden todas las cosas que os he mandado» y nos dio su santa Iglesia para cumplir con esa tarea y administrar su Palabra y sus sacramentos. La Iglesia también existe para mantener la comunión y disciplinas cristianas. La Iglesia existe para edificar a los creyentes y convertir a quienes no han aceptado el don de la salvación. Toda persona, sin importar la edad o condición, necesita de los medios de gracia que solo la Iglesia puede suministrar. La santa Iglesia de Cristo trasciende las nacionalidades, el sexo, la clase y aun el tiempo.

Los padres y los padrinos o testigos de las personas que serán bautizadas o confirmadas, así como todo joven y adulto que vaya a ser bautizado o confirmado, que vaya a reafirmar su fe o ser recibido como miembro, deben haber sido instruidos en las enseñanzas de la iglesia. Los padrinos o testigos asumen una responsabilidad spiritual por los que son bautizados semejante a la que tienen el padre y la madre.

Por media del bautismo, todos somos miembros de la santa Iglesia de Cristo. Dentro de la santa Iglesia de Cristo hay muchos miembros, todos importantes e iguales, pero cada uno con una función. Todas las denominaciones cristianas son parte de esa santa Iglesia de Cristo. La Iglesia Metodista Unida es uno de los miembros del cuerpo de Cristo. Es importante que los cristianos estén unidos a una de las partes del cuerpo. Aunque todos pertenecemos, por medio del bautismo, a la santa Iglesia, ser miembro de ella y comprometernos con una iglesia en particular nos ayuda en el desarrollo de nuestro ministerio y discipulado.

Este oficio se podrá usar para:

El bautismo de quienes no pueden responder por sí mismos. El bautismo de quienes pueden responder por sí mismos.

La confirmación y la reafirmación de la fe.
La recepción como miembro de la Iglesia Metodista Unida. La recepción como miembro de una congregación local.
La reafirmación congregacional.

CIRCUNSTANCIAS ESPECIALES

Si quien oficia sólo bautiza y recibe como miembros de la iglesia personas que pueden hacer sus propios votos y no hay confirmaciones o reafirmaciones de fe, omitir las secciones 5, 5a, 12 y 13. Utilizar la sección 7 sólo en caso de haber padrinos o testigos.

Si hay confirmaciones sin bautismos, omitir las secciones 5, 5a, 10a y 11. Utilizar la sección 7 sólo si hay padrinos o testigos. En esta circunstancia, podrá haber agua en la fuente bautismal como un recuerdo del Pacto Bautismal. Quien oficia podrá usar el agua como se indica en las secciones 12 y 13. Si habrá agua, se usará la sección 10. La sección 13 es opcional.

Si una clase de confirmación incluye personas que van a ser bautizadas, omitir las secciones 5, 5a, y 10a. Utilizar la sección 7 sólo en caso de haber padrinos o testigos. La sección 13 es opcional. Cada candidato recibirá la imposición de manos, ya sea en el bautismo o en la confirmación, pero no en las dos ocasiones.

Si hay personas ya bautizadas que van a ser recibidas como miembros de una congregación local y éstas desean reafirmar su fe, omitir las secciones 5, 5a, 10a y 11. Si estas personas se trasladan de otra congregación metodista unida, omitir también la sección 14. Utilizar la sección 7 sólo en caso de haber padrinos o testigos. Las secciones 10, 12 y 13 son opcionales.

Si hay personas que van a ser recibidas como miembros de una congregación local y no van a reafirmar su fe, utilizar sólo las secciones 14-16 para aquellas que se trasladan de otra denominación y las secciones 15-16 para aquellas que se trasladan de otra congregación de la Iglesia Metodista Unida.

Si toda la congregación va a reafirmar su Pacto Bautismal y no hay individuos para ser bautizados, confirmados o recibidos como miembros, utilizar las secciones 1, 2, 4, 9, 10 y 13.

ORDEN DEL PACTO BAUTISMAL

Al pasar al frente las personas, un himno apropiado de bautismo o confirmación se podrá cantar.

1. Quien oficia, dirigiéndose a la congregación, dirá:

Hermanas y hermanos en Cristo:

El sacramento del bautismo es una iniciación en la santa Iglesia de Cristo. Habiendo recibido el nuevo nacimiento mediante el agua y el Espíritu, llegamos a formar parte de la poderosa acción redentora de Dios. Esto es un don que Dios nos ofrece gratuitamente.

2. Si hay confirmaciones, reafirmaciones de fe o reafirmación congregacional, quien oficia continuará:

Por media de la confirmación y la reafirmación de nuestra fe, renovamos el pacto hecho en nuestro bautismo, reconocemos lo que Dios hace por nosotros y afirmamos nuestra dedicación a la santa Iglesia de Cristo.

PRESENTACIÓN DE LOS CANDIDATOS

3. Un representante de la congregación presenta a los candidatos con palabras apropiadas:

Les presento a *Nombre(s)*, para ser bautizado(a).

Les presento a *Nombre(s)*, para ser confirmado(a).

Les presento a *Nombre(s)*, que va(n) a reafirmar su fe.

Les presento a *Nombre(s)*, que viene(n) a esta congregación de la Iglesia _____.

EL SACRAMENTO DEL BAUTISMO

RENUNCIA DEL PECADO Y PROFESION DE FE

4. Quien oficia se dirige a los padres y padrinos o testigos y a los candidatos que pueden contestar por sí mismos o a la congregación si es una reafirmación congregacional:

En el nombre de toda la iglesia, les pregunto:

¿Renuncian a las fuerzas espirituales de maldad, a los poderes malignos del mundo y a la esclavitud del pecado, y se arrepienten de sus pecados?

Sí, lo hago.

¿Aceptan la libertad y el poder que Dios les da para resistir el mal, la injusticia y la opresión en cualquier forma en que se presenten?

Sí, lo hago.

¿Confiesan a Jesucristo como su Salvador, depositan toda su confianza en su amor y gracia y prometen seguirle y servirle como su Señor, en unión de la Iglesia, la cual Cristo ha abierto a personas de toda edad, nacionalidad y raza?

Sí, lo hago.

Quien oficia se dirige a los padres, padrinos o testigos de los candidatos que no pueden contestar por sí mismos:

Al presentar a estas personas a que reciban las aguas del bautismo,

¿aceptan la responsabilidad de darles las primeras enseñanzas y ejemplo de la fe cristiana y de vivir delante de ellas de acuerdo con el evangelio, de manera que crezcan en la vida cristiana, que sean instruidas en las sagradas escrituras y que sean enseñadas a asistir reverentemente al culto público de Dios?

Sí, la aceptamos.

5a. Quien oficia se dirige a los padrinos o testigos de los niños o niñas que serán bautizados:

¿Están ustedes en la disposición de ayudar a los padres de esta criatura a llevar a cabo sus deberes de instrucción y de ejemplo en la práctica de la fe cristiana?

Sí, estamos dispuestos.

6. Quien oficia se dirige a los candidatos que pueden responder por sí mismos:

De acuerdo con la gracia que Dios les ha dado, ¿continuarán siendo fieles miembros de la santa Iglesia de Cristo, sirviendo como representantes de Cristo en el mundo?

Sí, lo haré.

7. *Si los que han respondido por sí mismos tienen padrinos o testigos, quien oficia se dirige a ellos:*

¿Apoyarán y alentarán a estos candidatos en su vida cristiana?

Sí, lo haremos.

8. *Quien oficia se dirige a la congregación:*

Como cuerpo de Cristo, la Iglesia, ¿reafirman ustedes su propia renuncia al pecado?

Sí, la reafirmamos.

¿Se ayudarán unos a otros a crecer en la fe y la vida cristiana y cuidarán a estas personas que ahora están delante de ustedes?

Con la ayuda de Dios, proclamaremos las buenas nuevas y viviremos según el ejemplo de Cristo.

Rodearemos a estas personas con una comunidad de amor y perdón, para que puedan crecer en su confianza en Dios y ser halladas fieles en su servicio a los demás.

Oraremos por ellas para que sean fieles discípulos que anden por el camino que conduce a la vida eterna.

9. *Quien oficia dirigiéndose a todos:*

Unámonos en la profesión de la fe cristiana, como está contenida en el Antigua y Nuevo Testamento.

¿Creen en Dios nuestro Padre?

Creo en Dios Padre todopoderoso, creador del cielo y de la tierra.

¿Creen en Jesucristo?

Creo en Jesucristo, su único Hijo, Señor nuestro; que fue concebido por el Espíritu Santo, nació de la virgen María, padeció bajo el poder de Poncio Pilato, fue crucificado, muerto y sepultado; al tercer día resucitó de entre los muertos; ascendió al cielo y está sentado a la diestra de Dios Padre todopoderoso, de donde vendrá a juzgar a los vivos y a los muertos.

¿Creen en el Espíritu Santo?

Creo en el Espíritu Santo, la santa Iglesia universal, la comunión de los santos, el perdón de los pecados, la resurrección del cuerpo y la vida eterna.

Amén.

Acción de gracias sobre el agua bautismal

10. Se pondrá el agua en la fuente en este momento, si no se ha hecho antes.

El Señor sea con ustedes.

Y también contigo.

Oremos:

Dios eterno, cuando nada existía sino el caos, despejaste las tinieblas al moverte sobre las aguas e hiciste la luz. En tiempos de Noé, salvaste a los que estaban en el arca. Después del diluvio pusiste el arco iris en las nubes. Cuando viste a tu pueblo esclavo en Egipto, lo guiaste a la libertad a través del mar. Trajiste a sus hijos por el Jordán a la tierra que les habías prometido.

Canten al Señor habitantes de toda la tierra. Alaben en todo tiempo la misericordia de Dios.

En la plenitud de tu tiempo enviaste a Jesús, formado en el agua del vientre materno. Fue bautizado por Juan y ungido con tu Espíritu. Reunió a sus discípulos para que participaran con El en el bautismo de muerte y resurrección y los envió a hacer discípulos en todas las naciones.

Proclamen sus obras a todas las naciones, su gloria entre todos los pueblos.

Derrama tu Santo Espíritu para bendecir este don de agua y a quienes lo reciben. Lava su pecado y vístelos de justicia, para que muriendo y siendo resucitados con Cristo, puedan ser partícipes en su victoria final.

Toda alabanza sea a ti, Dios eterno, mediante tu Hijo, Jesucristo, quien contigo y el Espíritu Santo vive y reina por los siglos de los siglos.

Amén.

NOMBRAMIENTO (para niños/niñas)

10a. Quien oficia se dirige a los padres:

Cada nombre es especial e importante ante Dios. Así coma Dios cambió los nombres de Abraham, Sara y Jacob, el nombre de una persona la representa ante la comunidad de Dios. Un nombre también trae y contiene una historia en sí mismo. Por eso les pregunto:

¿Qué nombre dan a esta criatura?

BAUTISMO CON LA IMPOSICIÓN DE MANOS

11. Al bautizar a cada candidato, quien oficia usael nombre cristiano pero no apellido.

Nombre, yo te bautizo en el nombre del Padre, del Hijo y del Espíritu Santo.

Amén.

Inmediatamente después de la administración del agua, quien oficia y los padrinos o testigos de los candidatos pondrán las manos sobre la cabeza de cada candidato e invocarán la acción del Espíritu Santo.

Otras personas, inclusive miembros bautizados de la familia del candidato, podrán unirse a quien oficia en este acto. Durante la imposición de manos, quien oficia dirá:

Que el Espíritu Santo obre en ti, para que habiendo nacido mediante el agua y el Espíritu, puedas ser fiel discípulo(a) de Jesucristo.

Amén.

Si la persona que oficia lo desea, uno o más de los siguientes actos podrán utilizarse; pero no se deben enfatizar al punto que parezcan tan importantes como o más importantes que la señal de Dios dada en el agua en sí.

a) Quien oficia podrá hacer la señal de la cruz sobrecada persona bautizada, en silencio o con las palabras:

Nombre, hijo(a) de Dios, has sido sellado(a) por el Espíritu Santo en el bautismo y marcado(a) como perteneciente a Cristo para siempre.

Se podrá usar aceite de oliva para este acto, según la antigua costumbre de ungir a los profetas (1 R. 19:16), a los sacerdotes (Ex. 29:7) y a los reyes (1 R.1:39). Los dos títulos de Jesús, «Cristo» y «Mesías», significan «El Ungido» y el Nuevo

Testamento, en repetidas ocasiones, llama a Cristo nuestro Sumo Sacerdote y Rey. En el bautismo, los cristianos vienen a formar parte del cuerpo de Cristo (I Co. 12:13), el cual es un «real sacerdocio» (1 P. 2:9). La unción en el bautismo es un recordatorio de que todos los cristianos son ungidos al entrar en este real sacerdocio.

b) Algunas veces quien dirige presenta ropas nuevas a los bautizados, particularmente en el caso de los párvulos, como símbolo de que «nos hemos revestido de Cristo» (Gl. 3:27) como cuando una persona se pone ropa nueva. Dicha ropa es tradicionalmente blanca, lo cual sugiere las «túnicas blancas» en Apocalipsis 7:9-14. Quien oficia podrá usar palabras como estas: «Recibe estas ropas nuevas como símbolo de la nueva vida que se te da en Jesucristo».

c) Quien oficia podrá presentar una vela encendida a los recién bautizados, con estas palabras:

«Así alumbre vuestra luz delante de todos, para que vean vuestras buenas obras y glorifiquen a vuestro Padre que esta en el cielo».

En el caso del bautismo de niños, la vela se podrá presentar a las padres, padrinos o testigos. Es apropiado encender la vela en el hogar cada año en el aniversario del bautismo como un recuerdo de la gracia de Dios ofrecida por el bautismo. Una vela de bautismo lleva, o un símbolo cristiano o ninguna decoración; no se debe confundir con velas usadas para celebrar días de cumpleaños. La vela de bautismo se podrá encender de la vela pascual o de una de las velas sobre la mesa del Señor o cerca de ella.

d) El dirigente podrá presentar un certificado de bautismo a los recién bautizados.

Después que todos los candidatos hayan sido bautizados, quien oficia invitará a la congregación a que les den la bienvenida:

Ahora es nuestro gozo recibir a estas personas en Cristo.

Por medio del bautismo, ustedes han sido unidos a la nueva creación de Dios, por el poder del Espíritu Santo y han sido aceptados para compartir en el real sacerdocio de Cristo. Todos somos uno en Jesucristo. Con gozo y acción de gracias les damos la bienvenida como miembros de la familia de Cristo.

RITOS DE CONFIRMACIÓN O REAFIRMACIÓN DE FE

12. Quien oficia se dirige a los candidatos que van a ser confirmados o que reafirman su fe:

Hermanos y hermanas, la vida de fe es una jornada guiada y alimentada por el Espíritu Santo. Hay ocasiones significativas en las que nuestra fe se fortalece, Dios se hace más real, experimentamos un nuevo comienzo en la fe y crecemos en nuestra dedicación a Cristo. Ustedes han venido hoy para dar testimonio de las obras de Dios en sus vidas y reafirmar el pacto hecho en su bautismo.

Nombre, nos regocijamos en la fidelidad de Cristo y en lo que Él ha hecho en sus vidas.

Las personas podrán dar un testimonio breve de alguna experiencia con Cristo o algún nuevo comienzo en la fe, o quien oficia podrá dar una semblanza breve de las experiencias que han llevado a las personas a dar este testimonio.

Aquí, quien oficia podrá usar el agua de manera simbólica, teniendo en cuenta que su uso no debe ser interpretado como acto bautismal. Dirá:

Recuerden su bautismo y sean agradecidos.

Quien oficia coloca las manos sobre la cabeza de cada persona que va a ser confirmada o que reafirma su fe. Dirá:

Nombre, el Espíritu Santo actúe en ti, que habiendo nacido mediante el agua y el Espíritu puedas vivir como fiel discípulo(a) de Jesucristo.

Amén.

13. Cuando haya una reafirmación congregacional del Pacto Bautismal, quien oficia podrá usar el agua en forma simbólica, teniendo en cuenta que su uso no debe interpretarse como acto bautismal. Dirá:

Recuerden su bautismo y sean agradecidos.

RITO DE LA RECEPCIÓN A LA IGLESIA METODISTA UNIDA

14. Las personas que vienen de otras denominaciones, que ahora desean unirse a la Iglesia Metodista Unida y que no han sido presentadas anteriormente, serán presentadas aquí.

Quien oficia, dirigiéndose a la congregación, dirá:

Las personas que son miembros de la santa Iglesia de Cristo, que ahora desean ser recibidas en la comunión de esta congregación, pasen al frente para ser recibidas como miembros de esta congregación de la Iglesia Metodista Unida, junto con aquéllos que han profesado su fe por medio del bautismo o la confirmación.

Dirigiéndose a todos los que deseen unirse a la Iglesia Metodista Unida, quien oficia dirá:

Como miembros de la Iglesia universal de Cristo, ¿serán leales a la Iglesia Metodista Unida y la sostendrán con sus oraciones, su presencia, sus contribuciones y su servicio?

Sí, lo haremos.

RITO DE LA RECEPCIÓN Y PRESENTACIÓN EN LA CONGREGACIÓN LOCAL

15. Si hay personas de otras congregaciones de la Iglesia Metodista Unida que se trasladan a esta congregación y que no han sido presentadas, se les presentará aquí.

Quien oficia, dirigiéndose a quienes se trasladan a esta congregación y quienes han profesado su fe por medio del bautismo o confirmación, dirá:

Como miembros de esta congregación, ¿se comprometen a participar en la vida y ministerio de ella con sus oraciones, su presencia, sus contribuciones y su servicio?

Sí lo haremos.

16. Quien oficia, dirigiéndose a la congregación, dirá:

Hermanos y hermanas, hoy hay alegría entre nosotros, porque estamos recibiendo a estas personas en la fe, que ahora vienen a formar parte de nuestra comunidad.

Démosles una bienvenida de amor. Las encomiendo a su cuidado. Procuren que se sientan en su casa. Abramos nuestros corazones para darles nuestro

EL BAUTISMO EN PERSPECTIVA WESLEYANA

amor y también para recibir lo que ellas nos ofrecen. Recibámosles como miembros de nuestra familia, y hagamos todo lo que esté a nuestro alcance para acrecentar su fe, confirmar su esperanza y perfeccionarles en el amor.

¡Qué bueno es Dios que nos ha hecho su familia!

¡Qué bueno es Dios que nos ha bendecido con la presencia de ustedes entre nosotros!

Demos gracias al Señor.

Los recibimos con alegría y amor.

Hay un canto en nuestros corazones, porque ustedes vienen a formar parte de nuestra comunidad, y nos bendicen con ello. Como miembros, juntamente con ustedes, del cuerpo de Cristo y de esta congregación de la Iglesia Metodista Unida, renovamos nuestros votos de sostenerla con nuestras oraciones, nuestra presencia, nuestras contribuciones y nuestro servicio.

Amén.

Que Dios nos bendiga y nos guarde.

Sea su Santo Espíritu con nosotros y nos fortalezca, Para que seamos sal de la tierra y luz del mundo.

El Señor sea con nosotros, para que dondequiera que estemos, demos testimonio de esta fe.

Somos del Señor. ¡Aleluya!

El Señor nos bendiga y nos guarde;

sea nuestro Dios en nuestro caminar y en nuestro ministerio. Somos del Señor.

Amén.

Las personas que representan distintas organizaciones de la iglesia pueden pasar al frente para dar la bienvenida a los nuevos miembros.

En los asuntos y oraciones que siguen, se podrán incluir acciones de gracias e intercesiones por aquéllos que han participado en estos actos.

Es correcto y apropiado seguir el culto con la Santa Comunión, en la que se expresa de una manera más completa la unión de los nuevos miembros con el cuerpo de Cristo. Los nuevos miembros, incluso los niños, la podrán recibir primero.

Apéndice 2
MANUAL DE LA IGLESIA
DEL NAZARENO 2013-2017 800.
EL SACRAMENTO DEL BAUTISMO

800.1. EL BAUTISMO DE CREYENTES

MUY AMADOS: El bautismo es la señal y el sello del nuevo pacto de gracia y San Pablo da fe de este significado al escribir lo siguiente en su epístola a los Romanos:

"¿O no saben que todos los que hemos sido bautizados en Cristo Jesús, hemos sido bautizados en su muerte?, porque somos sepultados juntamente con él para muerte por el bautismo, a fin de que como Cristo resucitó de los muertos por la gloria del Padre, así también nosotros andemos en vida nueva. Si fuimos plantados juntamente con él en la semejanza de su muerte, así también lo seremos en la de su resurrección" (Romanos 6:3-5).

La más antigua y sencilla declaración de la fe cristiana en la cual ahora vienen a ser bautizados es el Credo de los Apóstoles, que dice así:

"Creo en Dios Padre Todopoderoso, Creador del cielo y de la tierra; "Y en Jesucristo, su único Hijo, Señor nuestro; que fue concebido del Espíritu Santo, nació de la virgen María, padeció bajo Poncio Pilato; fue crucificado, muerto y sepultado; descendió al infierno y al tercer día resucitó de entre los muertos; subió al cielo, y está sentado a la diestra de Dios Padre Todopoderoso. Y desde allí vendrá al fin del mundo a juzgar a los vivos y a los muertos.

"Creo en el Espíritu Santo, la Santa Iglesia Universal, la comunión de los santos, el perdón de los pecados, la resurrección del cuerpo y la vida perdurable".

¿Desean ser bautizados en esta fe? Si es así, contesten: "Sí".

Respuesta:

"Sí".

¿Reconocen a Jesucristo como su Salvador personal y están seguros en este momento de que Él los salva?

Respuesta:

"Sí".

¿Obedecerán la santa voluntad de Dios y guardarán sus mandamientos andando en ellos todos los días de sus vidas? Respuesta:

"Sí".

El ministro, repitiendo el nombre completo de la persona y usando la forma de bautismo preferida aspersión, afusión o inmersión— dirá:

_____, yo te bautizo en el nombre del Padre, del Hijo y del Espíritu Santo. Amén.

800.2. EL BAUTISMO DE BEBÉS O INFANTES

Cuando los testigos hayan pasado adelante con el niño (o niños), el Ministro dirá:

MUY AMADOS: Aun cuando no sostenemos que el bautismo imparte la gracia regeneradora de Dios creemos que Cristo dio este sacramento santo como una señal y sello del nuevo pacto. El bautismo cristiano significa para este(a) niño(a) la aceptación de gracia de parte de Dios sobre la base de su gracia preveniente en Cristo y señala hacia la apropiación personal que el niño (la niña) hará de los beneficios de la expiación cuando llegue a la edad de responsabilidad moral y ejercite una consciente fe salvadora en Cristo.

Al presentar a este(a) niño(a) para el bautismo están testificando de la propia fe personal cristiana y del propósito de guiarle en su vida temprana al conocimiento de Cristo como Salvador. Para lograr este fin será el deber suyo enseñarle, tan pronto como él (ella) pueda comprender, la naturaleza y propósito de este santo sacramento, vigilar su educación para que no se extravíe, dirigir sus pies al templo, refrenarlo(a) en cuanto a malas compañías y costumbres, y hasta donde sea posible, criarlo(a) en las enseñanzas y amonestaciones del Señor.

¿Se esforzarán a hacerlo con la ayuda de Dios? Si es así, contesten: "Sí, lo haremos".

El ministro entonces pedirá a los padres o tutores que le den el nombre del niño; después bautizará al niño, repitiendo su nombre completo y diciendo:

_____, yo te bautizo en el nombre del Padre, del Hijo y del Espíritu Santo. Amén.

Pastor:

Ahora les pregunto a ustedes, la congregación:

¿Prometen, como Cuerpo de Cristo, apoyar y alentar a estos padres (tutores) en el cumplimiento de su responsabilidad para con este(a) niño(a) y prometen ayudar a _____ (nombre del niño o niña) contribuyendo en su crecimiento hacia la madurez espiritual? Congregación:

Sí.

El ministro entonces hará la siguiente oración u otra oración apropiada improvisada.

Padre celestial, humildemente te pedimos que tomes a este(a) niño(a) bajo tu amoroso cuidado. Enriquécelo(a) abundantemente con tu gracia celestial; guíalo(a) a salvo a través de los peligros de la niñez; líbralo(a) de las tentaciones de la juventud; guíalo(a) para que llegue a conocer personalmente a Cristo como su Salvador; ayúdalo(a) a crecer en sabiduría, en estatura y en gracia para contigo y los hombres y a que persevere hasta el fin. Sostén a sus padres con cuidado amoroso, para que con su sabio consejo y santo ejemplo puedan cumplir fielmente la responsabilidad que tienen contigo y con este(a) niño(a). Te lo pedimos en el nombre de Jesucristo, Señor nuestro.

Amén.

Manual, Iglesia Del Nazareno 2017-2021 © 2017 por Casa Nazarena de Publicaciones and The Foundry Publishing, Kansas City, MO. Usado con permiso. Todos los derechos reservados.

Apéndice 3
IGLESIA WESLEYANA (EE. UU.)
EL BAUTISMO

A. DEDICACIÓN DE INFANTES

5500. *(Cuando los padres, tutores u otros padrinos se presentan con sus niños ante el ministro, éste dirá:)*

Amados *amigos*, ustedes han traído a *estos niños** que Dios les ha dado para ser dedicados a Dios y a su servicio. Con este acto testifican de su fe en la religión cristiana y también de su deseo que ellos reciban los beneficios de la consagración a Dios, y de las oraciones de la iglesia, y que puedan saber y seguir la voluntad de Dios en una edad temprana; y puedan, por consiguiente, vivir la vida cristiana.

Para que esto llegue a suceder, será su deber como *padres,* enseñar temprano a sus *niños* el temor del Señor; vigilar *su* educación, para que no sean llevados por mal camino por falsas enseñanzas o doctrinas, dirigir *su mente* a las Sagradas Escrituras que expresan la voluntad y autoridad de Dios para todas las personas, y dirigir *sus* pies al santuario, refrenar*los* de las malas compañías y hábitos; y, hasta donde sea posible, crear*los* en la disciplina e instrucción del Señor. ¿Se esforzarán a hacerlo con la ayuda del Señor?

(Los padres o tutores responderán:) Así lo haremos.

(El ministro entonces leerá la siguiente porción de las Escrituras:) "Y le presentaban niños para que los tocase; y los discípulos reprendían a los que los presentaban.

Viéndolo Jesús, se indignó, y les dijo: Dejad a los niños venir a mí, y no se lo impidáis; porque de los tales es el reino de Dios. De cierto os digo, que el que no reciba el reino de Dios como un niño, no entrará en él. Y tomándolos en los brazos, poniendo las manos sobre ellos, los bendecía" (Marcos 10:13–16).

(Entonces el ministro preguntará a los padres o tutores el nombre de cada niño que será dedicado, tomará a cada niño en sus brazos, pondrá una mano en la cabeza del niño, y dirá:)

_____, en nombre de *tus* padres y de esta congregación, yo te dedico al Padre, y al Hijo, y al Espíritu Santo.

Amen.

(El ministro entonces puede orar.)

B. BAUTISMO DE INFANTES

5510. *(Cuando los padres, tutores u otros padrinos se presentan con sus niños ante el ministro, el ministro dirá:)*

Amados *amigos*, ustedes han traído a *estos niños* que Dios les ha dado para ser bautizados, testificando de esa manera de su propio compromiso de fe en Cristo y de su convicción que la gracia de Dios aun ahora está obrando en *las vidas de ellos*. Por cuanto *estos niños son* presentados ahora por ustedes, será su deber como *padres* enseñar*los* tan pronto *puedan* aprender, la naturaleza y significado de este sacramento. Para testificar de su fe y deseo de sustentar a *sus niños* dentro de esta fe, por favor respondan a estas preguntas.

¿Presentan ustedes a sus *niños* para ser bautizados como una señal de la gracia de Dios que aun ahora se extiende a *sus niños* mediante la obra expiatoria de Cristo y declara que *ellos* son una parte de la familia de Dios? Y,

¿Prometen con la ayuda de Dios criar a *sus niños* en la instrucción y disciplina del Señor, orar con *ellos* y por *él/ella*, y hacer todo esfuerzo de ordenar la vida de ustedes para no causar que *estos* pequeños tropiecen? Y,

¿Tienen la intención de estimular a *sus niños* en cuanto *ellos* puedan comprender su importancia para reconocer personalmente su propia fe en el Señor Jesucristo y para servir a Dios fielmente en la comunión de su Iglesia?

(Entonces los padres responderán:)

Así haremos, con la ayuda de Dios.

(Entonces el ministro preguntará a los padres o tutores el nombre de cada niño que será dedicado, tomará a cada niño en sus brazos, pondrá una mano en la cabeza del niño, y dirá:)

_____, yo te bautizo en el nombre del Padre, y del Hijo, y del Espíritu Santo. Amen.

(El ministro entonces puede orar.)

C. BAUTISMO DE CREYENTES

5515. *(Cuando los candidatos para el bautismo se presentan ante el ministro, éste dirá:)*

Amados *amigos*, siguiendo el ejemplo de Jesús, ustedes se han presentado este día para recibir el sacramento del bautismo. El bautismo no es en sí la puerta a la salvación, sino una señal exterior del nuevo nacimiento que Dios ha forjado en su corazón. Proclama a todo el mundo que han recibido a Cristo Jesús como Señor de *sus vidas*, y que es su propósito obedecerlo siempre. Para que podamos oír su testimonio de lo que Dios ha hecho para *ustedes*, y para que podamos saber que *ustedes* entienden la importancia del paso que están dando, queremos hacer*les* estas preguntas:

¿*Creen ustedes* en Dios el Padre, el Hijo y el Espíritu Santo?

¿Que Jesucristo el Hijo sufrió en su lugar en la cruz, que murió y resucitó, que está sentado ahora a la diestra del Padre hasta que vuelva para juzgar a todas las personas en el último día? ¿Y *creen ustedes* en las Sagradas Escrituras como la Palabra inspirada de Dios? ¿Que por la gracia de Dios cada persona tiene la capacidad y la responsabilidad de escoger entre el bien y el mal, y que aquéllos que se arrepienten de su pecado y creen en el Señor Jesucristo son justificados por la fe?

Respuesta: Todo esto lo creo firmemente.

¿Se *proponen ustedes* testificar con este acto a todo el mundo que *son* cristianos y que serán seguidores fieles de Cristo?

Respuesta: Así lo haré

(Entonces el ministro preguntará el nombre de cada candidato y sumergirá al candidato en el agua, o si lo desea, rociará o verterá agua sobre él/ ella, diciendo:)

_____, yo te bautizo en el nombre del Padre, y del Hijo, y del Espíritu Santo. Amén.

(El ministro entonces orará.)

D. Afirmación de Votospaternales

5530. *(Las personas que fueron bautizadas como infantes, al venir a la madurez y al ser convertidos, y deseando hacer personal los votos hechos anteriormente en su nombre por sus padres, pueden hacerlo contestando las preguntas públicamente en el ritual de bautismo como se da en 5515 y como sea dirigido porel pastor.)*

Amados *amigos*, _____ *fueron* presentados por *sus padres* para ser bautizados cuando *eran* niños. Ahora *ellos* desean hacer personal los votos que se hicieron en su nombre declarando públicamente *su* compromiso con la fe en la que *fueron* bautizados.

(Entonces el ministro se dirigirá al candidato:)

¿Cree usted en Dios el Padre, el Hijo y el Espíritu Santo? ¿Que Jesucristo el Hijo sufrió en su lugar en la cruz, que murió y resucitó, que está sentado ahora a la diestra del Padre hasta que vuelva para juzgar a todas las personas en el ultimo día? ¿Y cree usted en las Sagradas Escrituras como la Palabra inspirada de Dios? ¿Que por la gracia de Dios cada persona tiene la habilidad y la responsabilidad de escoger entre el bien y el mal, y que aquéllos que se arrepienten de su pecado y creen en el Señor Jesucristo son justificados por la fe?

Respuesta : Todo esto lo creo firmemente.

¿Afirma usted el acto de *sus padres* cuando lo presentaron para el bautismo y testifica usted por este acto a todo el mundo que usted es un cristiano y que será un seguidor fiel de Cristo?

Respuesta: Sí lo afirmo.
(Entonces el ministro orará.)

La Disciplina de la Iglesia Wesleyana © 2016 Wesleyan Publishing House. USA. Usado con permiso. Todos los derechos reservados.

www.ingramcontent.com/pod-product-compliance
Lightning Source LLC
Chambersburg PA
CBHW021646120626
46545CB00002B/729